THE
MOTHER
DITCH

LA
ACEQUIA
MADRE

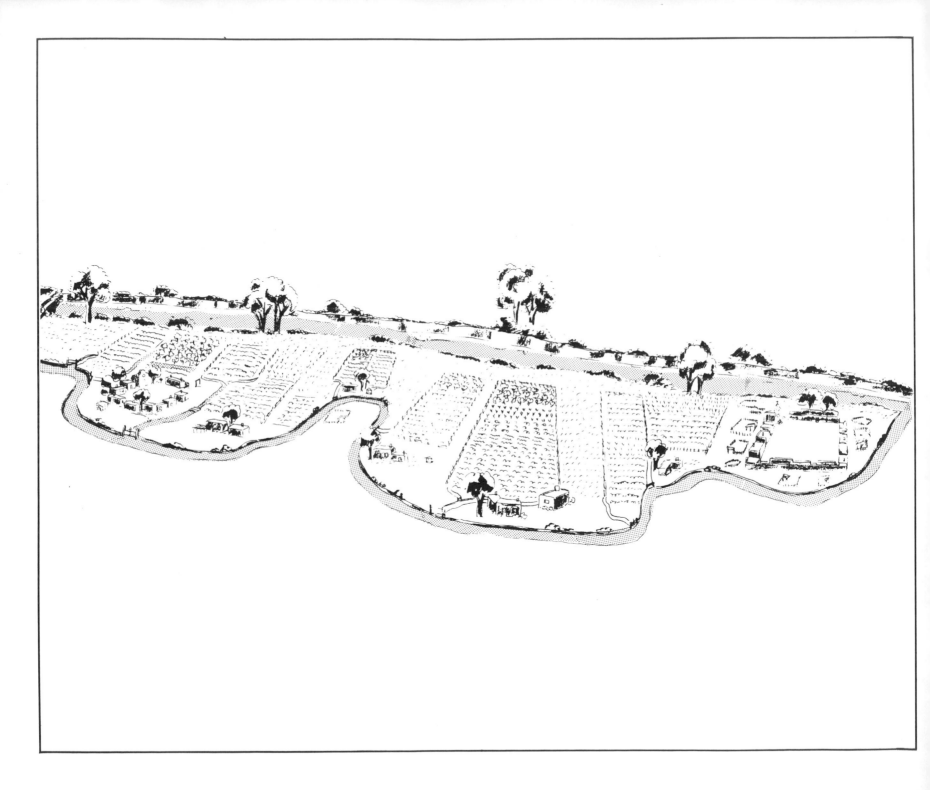

THE MOTHER DITCH

By Oliver LaFarge

Illustrated by Karl Larsson

Spanish translation by Pedro Ribera Ortega

English / Spanish Edition

LA ACEQUIA MADRE

Por Oliver LaFarge

Ilustrado por Karl Larsson

Traducción a español de Pedro Ribera Ortega

Edición ingles / español

Sunstone Press
Santa Fe, New Mexico

This book is a facsimile of the original edition published by Houghton Mifflin Co. in 1954.
First English / Spanish Edition
Printed in the United States of America

Library of Congress Cataloging in Publication Data:

LaFarge, Oliver, 1901-1963.
  The mother ditch.

  English text, parallel Spanish translation.
  Bibliography: p. 61
  Summary: Describes the summer the mother ditch went dry, a time of crisis for the Romero family, who grow fruits and vegetables by irrigation in the dry Cerrito region of New Mexico.

  1. Irrigation farming—New Mexico—Juvenile literature. 2. Farm life—New Mexico—Juvenile literature. 3. New Mexico—Social life and customs—Juvenile literature. [1. Irrigation farming. 2. Farm life—New Mexico. 3. New Mexico—Social life and customs. 4. Spanish language materials—Bilingual.] I. Larsson, Karl, ill. II. Title.

| S616.U6L27 | 1982 | 631.7 | 82-10712 |

ISBN: 0-86534-009-9

Published in 1983 by SUNSTONE PRESS
                Post Office Box 2321
                Santa Fe, New Mexico 87504-2321
                U.S.A.

PLEASE NOTE:
The Spanish translation of
THE MOTHER DITCH
is not a literal one.

CONTENTS

To CONSUELO

and MARGARET

FOREWORD

Oliver LaFarge had finished *The Mother Ditch* before I came to know him and he never talked to me about it. But as I read it now, looking backward at memories of this great, gentle man and at what he wrote and how he thought, it is obvious that this story fits perfectly into what Oliver was doing much of his adult life. LaFarge, the genteel, intellectual New Englander, had discovered another world on the Navajo Reservation and – later – among the Hispanic villagers of Northern New Mexico. He spent much of his career as a writer sending messages back to the East proclaiming what he had found. In his classic *Laughing Boy*, in *Beyond the Mountains*, in his short stories, in those beautiful essays he wrote for *The New Yorker*, the message was much the same. It is different out here, Oliver wrote, and what I have found is good, and simple, and beautiful.

The culture of *The Mother Ditch* is the culture with which LaFarge joined his life by marriage and he knew it as well as any man can who wasn't born beside an acequia madre. And while he wrote this book for children who had never seen an irrigation ditch, there's something it it, too, for adults.

Tony Hillerman

People who travel across New Mexico by train, or go by car along the main roads, look out at the country and wonder how anyone can live there. Much of the time they see nothing but semi-desert; that is, land not quite barren or empty enough to be called desert, yet far too bare and dry for anyone to farm. The semi-desert is often beautiful. The ground and the rocks are of many colors, gold, red, brown, light green, white, and sometimes pale blue. Some of it is sandy, some of it is rocky, some of it looks as if it were made of cinders. What plants there are seem lost and lonely. In summer, the heat of the sun reflected off the bare ground makes the air dance and shimmer. There are many river beds, but in most of them there is no water at all in dry weather. There is only the hard sand, marked here and there by the hoofprints of cattle and horses that have wandered along them looking for water.

New Mexico is a dry country where during the summer the hot sun beats down day after day. For many days one after another there are no clouds at all in the sky and the sky itself is a blue so brilliant that it, too, seems hot. From time to time a little rain falls, but it very seldom rains for a whole day. In the winter there is a little snow. There is never enough rain or enough snow; it is a dry land.

Gente que viaja por Nuevo México por tren, o por automóvil, y siguen los caminos o carreteras principales, miran el paisaje neomexicano y se preguntarán cómo demonios podrá alguien vivir aquí, en este árido terruño. Porqué por mucho del tiempo, estos viajantes no pueden ver casi nada, sino un semi-desierto; eso es decir, un terruño o tierra del Sudoeste qué es, no totalmente árida y muy vacía suficientemente para quizás llamarse nada más qué un semi-desierto; pero todavía algo casi desnudo y seco; al tanto qué no se puede usar quizás ni para agricultura, o así se cree por quien no lo conoce bien. No obstante, este clásico semi-desierto es frecuentemente muy hermoso de por si. Las tierras y las piedras son de muchos y hermosos colores; color de oro, colorado o rojo, color de café, verde claro, blanco, y a veces un azul claro y pálido. Algunas partes son muy arenosas, algunas otras muy pedregosas o rocosas; y, algunas partes hasta parecen qué están hechas de piedra, quizás quemada negruzca o cenicienta. Y las pocas plantas que se hallan allí parecen estar perdidas y tristonas. En el verano, el calor del sol que se refleja vivamente de la tierra pobre, hace que el aire baile y relumbre, alegremente. Hay muchos arroyos secos, pero en muchos de ellos, no se ve el agua correr en tiempos que son secos. Sólo hay la arena dura, marcada aquí y allí por las huellas ligeras del ganado mayor y caballos, que le han pisado, recientemente, en su búsqueda del agua para poder vivir.

Nuevo México es un país muy seco en donde durante el verano, el calor ardiente se siente día tras día sin quererse acabar. Por muchos días, uno tras otro, no se ven las nubes por el cielo claro; y, el mismo cielo es de un color azul tan brillante y hermoso qué, él también, parece estar muy caliente. De vez en cuando, una poquita de lluvia providencial nos cae; pero rara es la vez qué nos llueve por todo un día completo. En el invierno hay poca nieve también. Casi nunca tenemos, ni suficiente lluvia, ni bastante nieve; es, pues, una tierra muy seca de por si.

9

Esta tierra seca es la tierra baja, el terreño debajo de las montañas altas o al pie de la sierra. Alguna tierra está plana, algotra es montañosa o llena de lomitas o cerrillos bajos. Alguna es muy brusca y parece quebrada. Y porqué todo es tan seco, el zacate o hierba-de-pasto crece muy delgadizo, y esto cuando éste puede crecer. Se ve, pues, una hoja de zacate acá y otra hoja allá tan lejos la una de la otra como la anchura de la mano, y más allá es lo mismo. No se ve zacate como césped grueso y verde fuerte. En muchas lugares ni hay nada de zacate. O hierba-de-pasto del todo; y, en años demasiados secos de por si, casi ni se quede ver ninguna clase de zacate verde en ningún lado.

Así, también, los pocos arbustos que hay, crecen muy separados. Estas son plantas, afortunadamente, que pueden sobrevivir con muy poquita de agua o humedad; como el cacto y la yuca. Los árboles son pinitos torcidos de la clase que se llaman *piñon* o árboles de piñon. La madera de estos piñitos es buena para quemar en los fogones de casa; también nos dan ricas nueces-de-piñon que salen de las piñas o conos qué son la fruta benéfica de los pinitos nativos; pero que al extranjero no parecen ser mucho al primer verlo. Y cuando se camina más arriba, hacia los montes y las montañas hasta la sierra alta, allí se hallan nebros o sabinos, qué son unos arbustos siemprevivas y que se asemejan a lo que conocemos mejor como cedros.

Es, pues, tierra difícil. Pocos animales silvestres viven en ella. Los coyotes rondan y vagan por ella, siempre hambrientos, cazando bien de lo poco que pueden hallar, para sustentarse como animales silvestres. Algunos caballos y ganado mayor pastean en la tierra. Los pobres borregueros o pastores también pastean sus manadas o ganados menores en ella, mudándose de lugar a lugar; a cualquier lugar donde puedan hallar agua or zacate de pasto necesario. En la tierra fértil en otras partes de los Estados Unidos, donde el zacate o pasto ganadero es muy rico; los animales allá pueden pastear con mucho gusto. Un caballo o una borrega puede comer de bocados llenos, y come, pues, antes de irse de un lugar al otro sin mucho dificultad de hallar bastante de comer. Se puede quedar en un solo pedazo de tierra o area, por todo un día entero, y allí se engorda bien y fácilmente.

This dry land is the low country, the land below the mountains. Some of it is level, some of it is hilly. Some of it is very rough and broken. Because it is so dry, the grass grows thinly when it grows at all. You will see a blade of grass here, and then another blade as far from it as the width of your hand, and then another blade as far again. You will not see turf. In many places there is no grass at all, and in an extra-dry year there will be hardly any grass anywhere.

So, too, what bushes there are grow far apart. They are plants that can live on little water, such as cactus and yucca. The trees are twisty little pines of the kind called *piñón*. The wood of these trees is good to burn, and pine nuts come from their cones, but they do not look like much. As you go toward the mountains, you find junipers, which are bushy evergreens that look like cedars.

It is a harsh land. A few wild animals such as jack rabbits live in it. Coyotes prowl through it, always hungry, hunting for whatever they can catch to eat. Some horses and cattle graze there. Poor shepherds also graze their little bands of sheep on it, moving them from place to place, wherever they may find grass or water. In the fertile country in other parts of the United States, where the grass is rich, animals graze easily. A horse or a sheep will eat grass in mouthfuls, and it will get big mouthfuls in one place before it has to move at all. It can stay on one piece of land all day, and get fat.

In the dry country of New Mexico the animals never stop moving. They eat a blade of grass, move their heads to get another, take a step to get one more. They may have to take five or six steps to get a mouthful. That is the kind of land it is, under the mountains.

There is not enough rain in this country for men to raise crops. If they plant seeds and wait for rain, the seeds will not sprout, or if they do come up, later the plants will wither and die. And yet there are many farms in New Mexico, in valleys that travelers passing through usually never see. Men have been farming and raising crops there for more than two thousand years, even without the rain. This sounds impossible but it is not. To understand how these people live, you must look up at the mountains.

The mountains rise high up above the low country. They seem almost to hang over it. A shepherd grazing his sheep, or a boy standing at the edge of his father's farm, can raise his eyes and see them clearly. He can see the dry, hilly, broken up land running uphill to where the slopes of the mountains begin. On the lower slopes, the little pines grow thicker. The higher you look, the greener you see the mountainsides. The upper parts are so green that often they look nearly blue. Some of the mountains have forests to their very tops. Others have bald peaks; they are too steep and too high for anything to grow on them.

The mountains comb the clouds that come by. They seem to

Pero en el terruño seco de *Nuevo México*, los pobres animales no cestean nunca, buscando siempre pasto necesario. Se comen una hoja de zacate o hierba de pasto, mueven la cabeza en busca de otra. y toman paso tras paso para conseguir una otra hoja. Tienen que tomar cinco o más pasos para tomar un bocado bueno. Esa es la clase de tierra seca qué se halla, debajo de las altas montañas o sierras lejanas, donde hay poco de pasto.

No hay suficiente lluvia en esta tierra, para que el hombre quiera sembrar mucho sus labranzas-de-cosecha o pasto. Si siembras semillas y espera por lluvia, la semilla no enraiza, o si salen después se pueden secar y se mueren las pobres plantas. Y no obstante todo esto, sí qué hay muchos ranchitos o fincas chicas agrícolas en Nuevo México en los valles y vallecitos fértiles, qué los viajantes por Nuevo México ni sospechan que lo hay y ni los ven en sus viajes por esta tierra. El hombre ha sembrado y juntado cosechas aquí por más de dos mil años hasta sin la lluvia suficiente que parece ser necesaria. ¡Esto parece imposible, pero no lo es! Para entender como esta gente vive, tiene uno que mirar los montes lejanos, las sierras lejanas y altas de arriba del terruño neomexicano.

Las montañas se alzan muy altas detrás de la tierra baja seca. Parece que se cuelgan altamente sobre ella. Un pastor o borreguero pasteando su ganado de ovejas, o un chico o muchacho parado en los linderos de la tierra agrícola de su padre-ranchero, puede alzar los ojos suavemente, y de allí ver las altas montañas claramente. ¡Es una vista hermosísima! El puede, pues, ver las lomas secas, de abajo que se alzan quebradas y que suben, poco a poco, hacia arriba, hasta los comienzos de la sierra más allá. En las lomas secas bajas, los pinitos crecen más abundantemente. Entre más alto que mira el chico o muchacho, más verde se ven las montañas en sus diferentes lados de vista. Las partes más altas aún, éstas están tan verdes que aparecen ser azuladas en su verdura gruesa y hermosa. Algunos de los montes tienen floresta hasta las cimas de la sierra alta. Otros tienen picos o picachos montañosos pelados; éstos están tan puntiagudos y tan altos en el cielo, qué allí nada puéde crecer a esas alturas.

Las montañas parecen peinar las nubes que se arriman

a ellas. Parecen tener el poder natural de juntar a ellos las mismas nubes blancas. Allá arriba, está muy fresco el aire en el medio del verano, y los inviernos allí son muy largos y frios. Durante el invierno cae la nieve vez tras vez. En un buen año, en algunos lugares se apila tanto la nieve invernal hasta el fin del invierno largo a dos o tres veces la altura de un hombre. En el verano, tormentas juegan alrededor de las sierras. Los truenos resuenen entre los picos o pichachos pelados. Aquí hay mucha nieve y mucha lluvia. Animales fuertes y duraderos viven en lo muy alto de estas sierras, tales como los venados, los osos y los alces. Los árboles también son muy altos. Los pinabetes y abetos y otras clases de pinos altos forman milla tras milla de estas florestas. En algunos lugares también se hallan prados o vegas altas. Los pastores y los ganaderos llevan sus ganados a estas alturas y allí pastéan sus animales en estos ricos prados y vegas de la sierra, en los veranos; para que engordezcan sus animales de este buen zacate de pasto. Hay riítos o riachuelos claros aquí, y se hallan muchas truchas.

Abajo en el terruño seco, alguna de la tierra allí es solamenta arenosa. Otras partes en donde la tierra no es tan arenosa, se quema la tierra fuertemente por un sol

have a power to gather clouds. Up high there, it is cool in midsummer and the winters are long. During the winter the snow falls again and again. In a good year, in places the snow will be piled up at the end of the winter two or three times the height of a man. In the summer, storms play around the mountains. The thunder rolls among the peaks. There is lots of water up there. Hardy animals live high up, such as deer, bear, and elk. The trees are tall. The great pines and firs and spruces form miles and miles of forest. In places there are high meadows. The sheepmen and the cattlemen drive their herds up to the meadows in the middle of the summer to eat the good grass. There are clear brooks, and the brooks have trout in them.

Down in the dry country, some of the earth is just sand. Other parts, where it is not so sandy, are baked hard by the hot sun. When

it rains, the water runs off both kinds of land. It hardly soaks in at all, but runs off, carrying some of the sand and mud with it, so that it is always taking and carving. It makes gullies down which it runs fast, until it is all gone. Up in the mountains, where the trees, the bushes, and the grass are thick, the water is held back. The earth is not so sandy, nor is it baked hard. The water soaks in. The roots hold it back. The rain is stored in the ground.

All the things that grow in the mountains, big trees, wild strawberries, columbines, irises, and cress, are fed by the water. Still there is water to spare. It comes out of the ground in springs. The springs make brooks. The brooks come together one by one until they make a river, like the Río Cerrito (the name means Little Hill River), not far from Santa Fe.

ardiente. Cuando llueve, el agua-de-lluvia se desliza pronto de estas dos clases de tierra seca. No se concentra ni se adentra del todo; sino que se desliza corriendo de prisa, y así llevándose la arena y el lodo o 'zoquete' con ella, y así el agua-de-lluvia siempre está quitando y llevándose así la tierra seca. Hace arroyitos por donde corre de prisa, hasta que se desaparece de la tierra. En lo alto de los montes, donde los árboles, los arbustos gruesos, y el zacate está más espeso, allí se detiene mejor el agua-de-lluvia. La tierra aquí no es tan arenosa, naturalmente, ni se ha quemado o secado tan fuertemente. El agua adentra aquí bien en la tierra alta. Las raíces bien la detienen. El agua así se almacena y se concentra en la tierra alta.

Todas las cosas que crecen en las montañas, los árboles grandes, fresas silvestres, flores colombinas, lirios silvestres y berros, son así alimentadas por esta agua adentrada y concentrada en las altas tierras de la sierra gruesa. Y todavía hay agua de sobradío. Sale esta agua de la tierra en ojitos de agua, o fuentecillas naturales que salen libremente de la tierra. Los ojitos naturales crían riítos o riachuelos. Estos riítos or riachuelos se juntan uno con el otro, hasta que forman un río como él llamado Río Cerrito (cuyo nombre quiere decir de las mismas palabras usadas: el río del cerro), que se halla no muy lejos de la Ciudad de Santa Fe.

El Río Cerrito se comporta como cualquier otro río en Nuevo México. Antes de que se deslice o se venga de la sierra y montañas altas, se nos viene como *un río claro* entre verdes riberas o lados fértiles del río. Entonces, cuando llega al país o tierra más baja sus riberas o lados del río se hacen más hondos. El lecho-del-río o la parte plana de abajo del río en su cauce se ve arenoso; y, el río fluyendo por este mismo lugar, siglo tras siglo, ha quitado mucha de la arena del plano del río, y así el lecho-del-río o la plana parte del cauce abajo, ha sido escarbada o cavada, hondamente. Algunas veces el río se convierte en diluvio o inundación fuerte en la primavera. Entonces el río hasta cava o corta bien las orillas de la tierra de las mismas riberas del río, y, esto en ambos lados del río. Cuando el diluvio o la inundación fuerte se acaba o se termina, el río se pone quieto otra vez. Entonces, el río se ve fluyendo o caminando por la cuenca o cauce nuevo, qué ha hecho.

Unos cuantos álamos que de por si queden bien enviar sus largas raíces muy adentro de la tierra húmeda en busca natural de agua-alimento, crecen bien y altos en las orillas o riberas del río. Estos álamos pueden bien llegar al agua que se adentra en la tierra del río cercano. Pero, allá en la tierra o terruño bajo del país, el río no hace aquí mucho bien. No hace que la tierra enverdezca mucho; sino que sólo se desliza pronto.

The Río Cerrito behaves like so many rivers in New Mexico. Before it leaves the mountains it is a clear stream flowing between green banks. Then, as it reaches the low country its banks get steeper. The river bed is sandy, and the river flowing in it century after century has washed away a lot of the sand at the bottom, so that the bed is dug deep. Sometimes the river floods in the spring. Then it cuts away some of the ground on either side. When the flood is over the river becomes quiet again. It runs down the middle of the bare strip it has washed out.

A few cottonwood trees, that can send their roots far into the ground to find water, grow along the edges of the bare strip. They can reach the water that soaks into the ground from the river. But down in the low country the river does not do much good. It does not make the land around it green; it just goes on by.

More than a thousand years ago, Indians who knew how to plant corn and other crops looked at the dry land of the Southwest. They saw the water going down in the little rivers, doing no good. Alongside the rivers, but higher than the water, they found level land that would be good for farming if only there were plenty of rain. Then they thought, If only we could get the water from the river on them. Thinking like this they hit upon the idea of "irrigation."

They went up a river until they came to where it was higher than

Más de mil años pasados, los indios qué sabían bien como sembrar maíz y otras plantas nativas, se dieron cuenta clara de la tierra árida del Sudoeste Americano. Veían como las aguas que fluían apresuradamente en los muchos riítos, no hacían mucho bien. Al lado de los ríos, pero mucho más alto que las aguas del río, hallaron los indios mucha tierra o terreno plano que podrían ser muy rítiles para la agricultura, si sólo se podría depender de mucha lluvia. Entonces se pusieron a pensar: Si sólo pudiéramos conseguir el agua cercano del río para usarlo acá más arriba, en estas tierras cercanas. Y pensando bien de esta manera, llegaron los indios a la idea de "la irrigación."

Subieron al rio hasta llegar al lugar, donde el río estaba más alto qué el lugar donde querrían hacer sus labranzas-de-agricultura.

Hallaron un lugar donde las riberas u orillas-del-río estaban bajas. Y, empezando desde aquí arriba, escarbaron o cavaron una acequia larga y así pudieron llevar el agua necesaria del río cercano. Si se escarbaran o cavaban ésta su acequia larga muy derechita, poco pronto llegaban a un lugar bajo. El agua sí qué fluía hasta allí abajo, pero una vez que el agua naturalmente hallaba un arroyito u hondura, a donde pronto meterse adentro, allí se perdía el agua. Tenían, pues, qué forzar el agua: qué llegando una vez a tierra más baja, qué no fluyera muy de prisa; y, por fin podría llegar bien a las tierras-de-labranza.

Se les hizo muy difícil hacer esta clase de acequia. En esos días los indios no tenían el metal. Todo lo que apenas tenían, eran instrumentos o aperos de piedra, palos puntiagudos, y una clase de cavador o azadón hecho por haber atado un hueso-de-venado a un palo, por medio de alguna correa de animal. Tuvieron que escarbar o cavar estas acequias por muchas millas con sólo esta clase de instrumentos o aperos de agricultura.

La acequia llevaba el agua necesaria a los campos-de-labranza agrícola. La acequia la podían cerrar o estancar con poner de tierra y palos o piedras a su cabecera, donde se juntaba el agua del río; o abrirla al quitar esta clase de tapanco o obstáculo natural. En este modo o manera, los indios podían traer el agua de la sierra y del agua para poder vivir.

the place where they wanted to farm. They found a spot where the banks were low. Beginning here they dug a long winding ditch to carry water from the river. If they dug the ditch straight, pretty soon they would come to a low place. The water would run down into that and then it would find a gully to pour into, and it would be lost. They had to twist the ditch around, making it follow the hillsides, so that it got lower very slowly until at last it reached the farming place.

They had a hard time making this ditch. In those days the Indians had no metal. All they had were stone tools, pointed sticks, and a sort of hoe made by tying a deer's shoulder blade to the end of a stick. They had to dig ditches miles long with these tools.

The ditch carried the water to their fields. They could close it by putting dirt and sticks at the head, where it joined the river, or open it by taking out this filling. In this way they could bring the

water from the mountains to their fields when they needed it and turn it off when they did not. They had learned how to make the rain and snow that fell in the mountains miles away feed their crops. This is irrigation.

Some Indians came to the Río Cerrito (of course they had a different name for it, a name in their own language). They made a ditch and planted their crops. They built a village and there they stayed. They are what we call "Pueblo Indians." Pueblo is a Spanish word meaning "village." The Spaniards gave them this name when they came to this land because they lived in villages rather like villages in parts of Spain. The Pueblo Indians were living by the Río Cerrito when the Spaniards first came to New Mexico more than four hundred years ago, and they were still living there the year the mother ditch ran dry.

montañas altas a los campos más abajo cuando la necesitaban, y estancarla cuando no la necesitaban. Habían, pues, aprendido bien cómo hacer qué el agua de la nieve invernal que caía en la sierra y montañas altas, muchas millas más arriba, alimentara y saciara la sed de sus campos-de-labranza. A esto se le llama la irrigación.

Algunos indios vinieron al Río Cerrito (naturalmente, ellos le habían dado otro nombre; un nombre de palabras de su idioma indígena). Hicieron una acequia y sembraron sus campos agrícolas. Hicieron un pueblo o lugar-de-vivienda allí, y se quedaran. Ellos son a quienes les llamamos "Indios Puebleños." "Pueblo" es palabra en español que quiere decir 'un conjunto de casas o caserío.' Los españoles le dieron este nombre a los indios cuando vinieron a estas tierras porqué hallaron qué los indios también vivían 'en pueblos o caseríos' como hacían los españoles en su patria que era España. Los Indios Puebleños estaban viviendo al lado del Río Cerrito cuando los españoles primero vinieron a Nuevo México, más de cuatrocientos años pasados; y, todavía vivían allí en el año cuando la acequia madre se secó.

Los españoles vieron qué allí había agua y tierra-de-labranza suficiente al lado del río, y así ellos también hicieron sus acequias. En las partes secas de España, la gente española habían practicado la irrigación desde tiempos remotos; muy semejante de los indios. Los españoles escarbaron o cavaron también sus primera acequia para uso de sus fincas agrícolas. Estas tierras las irrigarían con el agua-del-río cercano también. Esta acequia les pertenecía a todos, a toda la gente y alimentaba a todos las cosechas de los campos de labranza. El agua sí qué es lo que le da vida a todos. La palabra en español que quiere decir agua de irrigación es *acequia* y la acequia grande especial de todas se le llama *la acequia madre,* qué quiere significar 'la acequia que es la madre o más importante.' Este término es tan correcto en su uso funcional y lingüístico, qué todavía, hoy día, se usa el término "la acequia madre."

Los españoles fueron los primeros a traer caballos y herramienta de metal al Nuevo Mundo. Con estos instrumentos de labranza, podían escarbar o cavar mejores acequias y hacer majores puertas para abrirlas y cerrarlas. Ellos también podían hacer mejores reservas de agua o tanques en los ríos, para que entraran mejor las aguas a las acequias cercanas. Los indios consiguieron caballos y herramienta de los españoles; y, así ellos podían hacer mejor también. Los hombres blancos que se establecieron en este lugar llamado el río, el Río Cerrito, y quienes también llamaron a su pueblo o población con el nombre de Cerrito, por razón de qué allí se hallaba una loma o cerrito cercano al río.

Ya que el agua es muy escasa en muchas partes de España y de allí qué es muy cara y valiosa. España tenía leyes muy estrictas tocante el uso del agua. Estas leyes demostraban quiénes eran los que tenían derechos de agua; eso es decir, los derechos de agua les pertenecen sólo a ellos que tienen el uso legal del agua. El Rey de

The Spaniards saw that there was water and farming land to spare along this river, so they, too, made a ditch. In the dry parts of Spain the Spanish people had been practicing irrigation since ancient times, in much the same way the Indians did. They dug the first ditch for their farms, the one that takes the water from the river. This ditch belongs to all the people and feeds all their crops. It is what keeps them alive. The Spanish word for an irrigation ditch is *acequia*, and this special one they call *acequia madre*, which means "mother ditch." The name is so right that even today in English we call it the "mother ditch."

The Spaniards were the first to bring horses and metal tools to the New World. With these they could dig better ditches and make better gates to open and close them. They could build better dams in the rivers to turn the water into the ditches. The Indians got horses and tools from the Spaniards, so they did better, too. The white men who settled in this place called the river Río Cerrito, and they also called their village Cerrito, because of a small hill near by.

Since water is scarce in many parts of Spain, and therefore very valuable, Spain had strict laws about it. These laws showed just who had "water rights"; that is, who could use a share of the water. The King

18

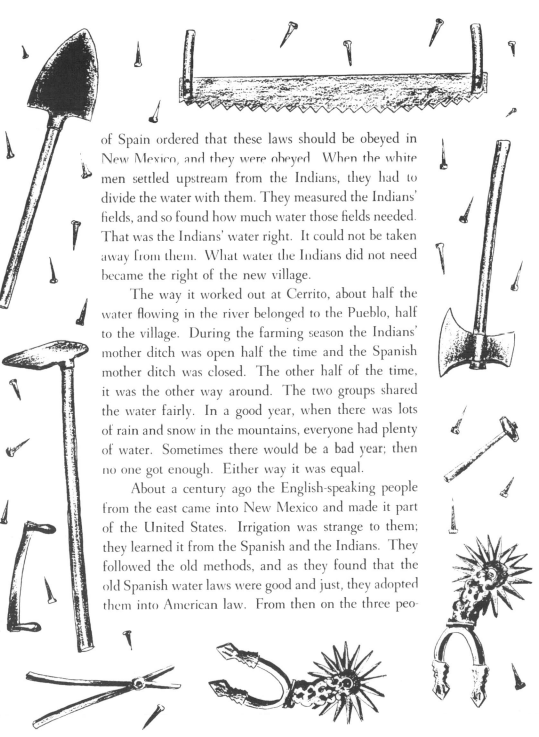

of Spain ordered that these laws should be obeyed in New Mexico, and they were obeyed. When the white men settled upstream from the Indians, they had to divide the water with them. They measured the Indians' fields, and so found how much water those fields needed. That was the Indians' water right. It could not be taken away from them. What water the Indians did not need became the right of the new village.

The way it worked out at Cerrito, about half the water flowing in the river belonged to the Pueblo, half to the village. During the farming season the Indians' mother ditch was open half the time and the Spanish mother ditch was closed. The other half of the time, it was the other way around. The two groups shared the water fairly. In a good year, when there was lots of rain and snow in the mountains, everyone had plenty of water. Sometimes there would be a bad year; then no one got enough. Either way it was equal.

About a century ago the English-speaking people from the east came into New Mexico and made it part of the United States. Irrigation was strange to them; they learned it from the Spanish and the Indians. They followed the old methods, and as they found that the old Spanish water laws were good and just, they adopted them into American law. From then on the three peo-

España ordenó qué estas leyes fueran también obedecidas en Nuevo México, y así se hizo. Cuando los hombres blancos se establecieron más arriba del río que los indios tuvieron que dividir el agua consigos. Se midieron los campos de los indios, y así se averiguó cuánta agua sería necesaria para las labranzas en sus campos bajos. Esos eran, pues, los derechos de agua de los indios. Y no se les podía quitar o amenguar esos 'derechos de agua' a los indios. Y el agua que los indios no necesitaban, eso se convirtió en los derechos del pueblo nuevo.

El modo en que se hacían las cosas en Cerrito era, qué la mitad del agua fluyente en el río le pertenecía al pueblo indio más abajo y la otra mitad al pueblo hispano más arriba. Durante la estación de la labranza, la acequia madre de los indios estaba abierta, la mitad del tiempo; y la acequia madre de los hispanos cerrada. La otra mitad del tiempo, era el reverso. Los dos grupos compartían el agua equitativamente. En buen año, cuando había mucha lluvia y nieve en la sierra, todos tenían suficiente agua. Pero algunas veces habia o ocurria un año malo o seco, y entonces nadie tenía suficiente agua-de-regadío. De todos modos, había igualdad en el uso de la importante agua.

Después pasado un siglo, la gente de habla inglésa del Este vinieron a Nuevo México y nos hicieron parte de Los Estados Unidos. Y el sistema de irrigación se les hizo extraño a los anglos; así qué tuvieron ellos que aprender bien la irrigación por los españoles y por los indios puebleños. Ellos siguieron los métodos viejos, y se dieron cuenta de qué las viejas leyes de España eran muy buenas, justas y equitativas, les incorporaron adentro las leyes de Los Estados Unidos. De allí se hacía qué hubiera

los tres, unos con los otros. Todos somos Americanos. En Nuevo México se les llama 'Americanos,' ya sean indios de varias clases, hispanos o anglos. Pastéan sus ganados en la sierra y en el escaso pastéo de las tierras más secas del estado. En los valles al lado de los ríos, se reparten de las aguas de las sierras y montes igualmente, según las leyes antiguas.

Uno de los hispanos que establecio *Cerrito* era un hombre que se llamaba *don José Romero*. El habia viajado a través del mar desde la lejana España; y después había cabalgado más de dos mil millas a caballo por florestas y montes y desiertos y tierras secas hasta poderse establecer en esta tierra qué se le llama 'Nuevo México.' Había viajado con su espada al lado, con antiguas armas en sus espaldas y con casco de metal en su cabeza. También había traído consigo un arado de hierro, una hacha y un azadón o cavador de hierro también. Cuando se asentó en su nueva nueva casa cerca de los amigables indios puebleños, guardando bien sus armas, se puso a poner en buena forma su finca agrícola.

Desde entonces ha habido 'Romeros' en Cerrito. En el año en que la acequia madre se secó, uno de ellos era un muchacho joven quien se llama *José*, en memoria de aquel pionero que fue su antepasado. Vivió en el rancho-agrícola con su padre y madre, su abuelito, su hermanita Paca, y con su más menor hermanito llamado Lupe, y también con Cuco, el perrito color de café con una oreja negra. José le ayudaba a su padre con la labranza del rancho cuando no estaba en la escuela. De su padre aprendió a pensar qué las plantas o matas estaban vivas, como un hombre de finca o rancho-agrícola debe de pensar. Le daba mucho gusto ver qué todo crecía bien, especialmente el maíz cuando crecía alto con sus hojas se notaban sanas y grandes.

Como cualquier labrador de buen sentido, él sabía también qué buenas matas y plantas querían decir qué habría después un buen porvenir para él y para toda su familia. Si la cosecha era mala, se les pondría difícil en el año entrante. Pero cuando día tras día, cuando trabajaba duro en las milpas y campos-agrícolas, era de las

ples have lived side by side. All of them are Americans. In New Mexico they are called American Indians, Spanish-Americans, and Anglo-Americans. They graze their herds in the mountains and on the sparse feed of the dry country. In the valleys along the rivers, they share the water from the mountains fairly, according to the ancient rules.

One of the Spaniards who founded Cerrito was a man called Don José Romero. He had sailed across the ocean from Spain, and then he had ridden nearly two thousand miles on horseback through forests and over mountains and deserts to settle in the land we now call New Mexico. He had ridden with a sword at his side and an ancient kind of gun slung across his back, and a helmet on his head. Also he had brought with him an iron plowshare, an axe, and a hoe. When he settled in his new home, near the friendly Pueblo Indians, he put aside his weapons and started making his farm.

Ever since then there have been Romeros at Cerrito. In the year when the mother ditch went dry, one of them was a boy, named José after that first pioneer ancestor. He lived on a farm with his father and mother, his grandfather, his little sister Paca and his even littler brother Lupe, and also Cuco, his brown dog with one black ear. José helped his father with the farming when he was not in school. From his father he learned to think of the plants as being alive, the way a good farmer should. It made him happy to see them growing well, especially the corn as it grew tall, with its leaves reaching out.

Like any sensible farmer, he knew, too, that thriving plants meant good times for himself and his family. If the harvest was bad, they would be in for a hard, poor year. Still, day in and day out, when he worked in the fields, it was the plants themselves he thought of. The precious water was what made them live and grow, and the water was brought by the mother ditch.

José Romero grew up "under the ditch," that is, in a house on a farm on the downhill side of the ditch. From as early as he could

mismas plantas tiernas de qué pensaba mucho. Esa preciosa agua por la cual vivían y crecían, y esta agua necesaria era la que se traía de la acequia madre.

José Romero creció 'abajo de la acequia,' eso es, en una casa en una finca o rancho-agrícola en la loma más baja que la misma acequia. Desde que era niño, por toda

acequia madre era una de las cosas más importantes de la vida. El camino corría más arriba de la acequia. Las casitas de Cerrito estaban en fila cerca de la acequia, cada una de ellas a la cabeza de la finca a la cual las casas les pertenecían. A los pies de las fincas o ranchos-agrícolas estaba el río. El único cambio en este arreglo era en el medio de la población donde el camino había sido engrandecido o ensanchado a un grande, abierto cuadro llamado 'la plaza.' A un lado de la plaza estaba la iglesia, al otro lado estaba la tienda grande del Señor Aragón, y cerca de allí se hallaban un garaje y estación de gasolina. En el tercer lado estaba la escuela pública. Alrededor del resto de la plaza, se hallaban una media docena de casas. La gente qué vivía en ella, caminaban o viajaban de ellas a sus campos agrícolas, o se ganaban su vivir diario en otras formas además de la labranza de campo. La plaza servía como el mero centro del pueblo, un lugar donde se podía juntar todos.

La finca al este del Señor Romero, eso es, el siguiente hacia las montañas, le pertenecía al Sr. Tomás Aragón, primo del hombre que era dueño de la tienda del pueblo. Después seguía la finca del padre de José, y en seguida se hallaba la del Sr. Wilkinson.

Cuando José todavía estaba muy chico, y sólo empezaba a ayudar con algunos que otros que haceres alrededor del ranchito, su papá y su abuelito hacían todo el trabajo duro y necesario. Al hombre mejor de le llamaban 'Abuelito' porqué así lo era de su familia. Año por año, según crecía José más grande y fuerte, sí qué su Abuelito le parecía hacerse más chico. Y cada año siguiente, el Abuelito les podía ayudar menos; y cada año también José hacía más y más del trabajo, hasta el tiempo de esta historia, él era quien ayudaba en todo el trabajo duro, y se convirtió en hacerse la mano derecha de su propio padre, cuando no tenía que asistir a la escuela.

Pero no trabajaba todo el tiempo; ya que hallaba tiempo para poder jugar. Jugaba con sus amiguitos de la misma edad, y con su perro llamo Cuco, y a veces también, con su hermanito menor y con su hermana. Exploraba todo el terruño del area, y conocía bien su propia casa, habiendo jugado en todas partes, y también de haberlas trabajado todas.

remember, the mother ditch was one of the most important things in life. The road ran just above it. The houses of Cerrito were strung along it, each at the upper end of the farm that belonged to it. At the lower ends of the farms was the river. The only change in this arrangement was in the middle of the settlement, where the road widened into a big, open square, called the "plaza." At one side of the plaza was the church, at the other side was Señor Aragón's general store, and next to that a garage and service station. On a third side was the public school. Around the rest of the plaza were half a dozen houses. The people who lived in them walked or rode out to their fields, or else they earned their livings in other ways than by farming. The plaza itself was the center of the village, a place where everyone could gather.

The farm to the east of Señor Romero's, that is, the next farm towards the mountains, belonged to Tomás Aragón, a cousin of the man who owned the store. Then came José's father's farm, and next below that Mr. Wilkinson's.

When José was still small, and had just begun helping with a few chores around the place, his father and his grandfather did the hard work. They called the grandfather Abuelito, which means "little grandfather." Year by year, as José grew bigger and stronger, his grandfather did seem to grow smaller. Each year Abuelito was able to help less, and each year José did more, until at the time of this story he was the one who helped with the hard work, and was his father's right-hand man when he was not in school.

He did not always work; he had time to play. He played with friends his own age and with his dog, Cuco, and sometimes with his little brother and sister. He explored the country round about, and he knew his home place both from playing on it and from working on it.

Across the road, above the ditch, the dry land began. Here they had the corral for the horses. Along the mother ditch itself there were bushes and trees. That was a good place to play, especially when the water was running in it, cool but not too cool, and making little gurgling noises. The children had been warned not to drink the water from the ditch because it ran beside the road and past houses, and might not be pure. They drank water from the well.

José and his friends made boats and sailed them in the ditch, and they waded in it on hot days. They made hiding places in the bushes along its edge. They lay on the banks, on their stomachs, to see the dappled sunlight on the riffles and watch the dragonflies darting about. Occasionally they saw a trout that had wandered in from the Río Cerrito. An old Indian who was a friend of Abuelito's had told José how to lie very still and catch a trout with his bare hand. José tried this many times, but it was too hard. He had to lie so still and be so patient and move his hand so slowly that he almost never could manage it. A few times he did catch a trout that way, and when he did, his mother would cook it specially for him. Then, when it was on his plate, he would give everybody a taste.

The house was just below the mother ditch, with two big cotton-

misma edad, y con su perro llamo Cuco, y a veces también, con su hermanito menor y con su hermana. Exploraba todo el terruño del area, y conocía bien su propia casa habiendo jugado en todas partes y también de haberlas trabajado todas.

Al otro lado del camino, arriba de la acequia madre, allí se empezaba la tierra seca. Aquí tenían su corral para sus caballos. Y en ambos lados de la acequia madre habían arbustos y árboles. Este era un buen lugar para jugar, especialmente cuando corría el agua en la acequia, fría sí pero no muy fría, y haciendo sonidos de gorgojeos. A los niños se les había dicho qué nunca bebieran del agua de la acequia, porqué el agua corría al lado del camino y de las casas del vecindario, y podía estar el agua no muy pura para poderla beber. Ellos bebían agua de la noria.

José y sus amiguitos hacían barquitos y los eschaban a navegar en la acequia, y se metían a andar en el agua en días calientes. Hacían lugares-para-esconderse en los arbustos en las orillas. Se acostaban en las riberas de la acequia, en sus estómagos para poder ver la luz del sol bailar en las aguas, y para ver los insectos que les llamaban 'caballitos del diablo' nadar por el agua. A veces podían ver algunas truchas, se habían escapado del Río Cerrito. Un indio viejo que era un amigo bueno del Abuelito le había dicho una vez a José qué, si se acostaba muy quicto, podría bien agarrar una trucha con su propia mano. José le hizo el esfuerzo muchas veces, pero este era muy difícil. Tenía que acostarse y quedarse muy quietecito, y muy pacientemente hacerle el esfuerzo y mover su mano tan despacio que casi nunca podía hacer todo esto a la misma vez. Unas cuantas veces sí que pescó una truchecita así, y cuando lo hacía, su madre se la cocinaba especialmente para su comida propia. Entonces, cuando la trucha cocida estaba en su plato, a todos les daba un pedacito para que la probaran.

La casa estaba poquito bajo de la acequia con dos

álamos a un lado para darles sombre en el verano caliente. En la yarda, la Señora Romero había sembrado 'varas de San José,' rosas de Castilla y lirios. En el rincón suroeste del lugar, la esquina que parecía apuntar hacia las montañas, la acequia madre de los Romero se divertía de la acequia madre principal del pueblo.

En este punto tenían su propia puerta-del-agua. Actualmente, eran dos puertas. Al principio de su propia acequia principal había una forma-de-madera como un marco de puerta. En esta había una puerta de madera. Si se jalaba la puerta hacia arriba, la puerta se abría y el agua entonces podía correr a la acequia principal; si se dejaba caer la puerta, la puerta cerraba el agua. Había también otra puerta con unas otras puertecitas adentro en la acequia madre, poquito más abajo de la entrada a su propia acequia. Cuando el tiempo de regar del Señor Romero, él cerraba la segunda puerta para que se estancara el agua; y entonces abría su puerta principal. De este modo él estaba cierto qué toda el agua de la acequia madre estaba iyéndose a sus propios campos de labranza. No se podía ir a ningún otro lugar.

Algunas acequias chicas, llamadas 'acequias laterales,' se dirigían de la acequia principal, iyéndose para abajo, para llevar el agua a diferentes partes del rancho-agrícola. Cerca de donde se comenzaba la primera acequia-lateral, la Señora Romero tenía sembrado su jardín de verduras o vegetales, y sus yerbas. De la línea de

wood trees at one end to give shade in summer. In the yard, Señora Romero had planted hollyhocks, yellow roses, and irises. At the southwest corner of the place, the corner that seemed to point towards the mountains, the Romero's own main ditch took off from the mother ditch.

At that point they had their own head gate. There really were two gates. At the very beginning of their own main ditch was a wooden frame like a doorway. In this was a wooden gate. If you pulled the gate up, the door was open and the water could run into the main ditch; if you let it drop, the door was closed. There was another doorway with a gate in it across the mother ditch just below the entrance to their own ditch. When it was Señor Romero's turn to irrigate, he closed that second gate, so that it dammed the water, then he opened his head gate. In that way he made sure that all the water in the mother ditch was turned onto his farm. It could not go anywhere else.

Some smaller ditches, called "laterals," led off from their main ditch, running downhill, to carry the water to the different parts of the farm. Near where the first lateral started, Señora Romero had a kitchen garden with vegetables and herbs. From the line of the main

la acequia principal estaban más abajo los campos de labranza, donde el Señor Romero sembraba maíz, frijol verde, chile verde, alfalfa, trigo y tenía sus árboles de fruta. En la huerta había árboles de manzanas, albaricoques, y la clase de cerezos coloradizos de que se hacían los mejores pasteles de cereza. La alfalfa se sembraba debajo de los árboles frutales. Esta se usaba para pastear las vacas y su becerro, y lo demás de la alfalfa se vendía.

Y al bajar más abajo hacia el río, se podía llegar al fin de los campos de siembras. Aquí había una cerca fuerte, y al otro lado se hallaba un buen pedazo de prado. Los Romeros casi nunca regaban esta tierra, pero sí qué recibía cualquier agua suelta que descendía de los otros campos regados más arriba. El prado o vega estaba al lado del río, y casi estaba tan bajo como el mismo nivel del río. La humedad del río entraba bien abajo de la tierra y así se regaba el zacate de esta vega. Los dos caballos, la vaca pintada y el becerro se pasteaban en una parte de la vega en el verano; el Señor Romero cortaba alfalfa de la otra parte.

ditch down were the fields, where Señor Romero raised corn, beans, chili peppers, alfalfa, wheat, and fruit. In the orchard he had apples, apricots, and the kind of light red cherries that are best for making cherry pie. He raised the alfalfa under the fruit trees. He used some of it to feed the cow and the calf, and the rest he sold.

As you went on down towards the river, you came to the end of the planted fields. There was a strong fence here, and on the other side of it the green strip of the meadow. The Romeros did not really irrigate this, although it got any water that ran down from the fields. The meadow lay alongside the river and was nearly as low as the river bed. The river's moisture seeped under the ground and fed the grass. The two horses, the spotted cow, and the calf grazed on part of the meadow in summer; Señor Romero cut hay on the rest.

En la última orilla del prado, allí había jarales y otras clases de arbustos gruesos, llenos de lugares-para-esconderse, y más allá la arena y piedras del rio mismo. Y en el centro de esta area, corría el Río Cerrito. Durante la mayor parte del verano, casi no corría mucha agua, porqué la gran parte del agua se desviaba en las dos acequias madres. No parecía como el bueno y lleno río qué sí venía de las montañas a las reservas de las compuertas.

José pensaba qué el mejor lugar para jugar era allí, entre la orilla de la vega y el río. Después sería la acequia madre. La alfalfa debajo de los árboles de huerta siempre estaba tan verde y tierna, qué le hacía querer a él gustar de rodar y más rodar en ella. Él pensaba qué este lugar sería un lugar para jugar muy bueno sí, pero su padre no le dejaba hacerlo allí. Su papá no quería qué la alfalfa fuera machucada y dañada, y así qué a los niños no se les permitía entrar en la huerta hasta que la alfalfa había sido cortada por la tercera vez de cualquier año, muy tarde ya en el verano. Entonces, en vez de una jerga o tapiz placentero fresco y agradable por todo el terruño, sólo se hallaban los bruscos rastrojos del alfalfa. Y el rastrojo brusco del alfalfa picaba mucho. Por todas estas buenas razones, José no le sacaba mucho de jugar en la huerta. Lo qué sí le sacaba era la fruta, según la estación de su madurez de las varias clases de frutas.

Pero sí qué había lugares placenteros afuera de la finca-agrícola, especialmente allá en las partes altas del río más arriba. Algunas veces el Señor Romero llevaba a José con él a los principios de las montañas, más arriba de

At the bottom edge of the meadow there were willows and other bushes, full of hiding places, and beyond them the sand and stones of the river bed. Down the middle of that ran the Río Cerrito. During most of the summer it was just a trickle, because so much water was taken off in the two mother ditches. It did not look at all like the fine, full stream that came out of the mountains to the dams by the head gates.

José thought that the best place of all to play was down there between the end of the meadow and the river. Next after that was along the mother ditch. The alfalfa under the trees in the orchard was so very green and soft, it made him want to roll and roll in it. He thought that that would be a fine place to play, but his father would not let him try it. He did not want the alfalfa trampled and spoiled, so the children were not allowed to go in the orchard until after it had been cut the third time, late in the summer. Then, instead of a delightful, green, leafy, cool, springy carpet all over the ground, there was just stubble. The stubble was scratchy. So as a matter of fact, José did not get much play out of the orchard. What he got was fruit, in season, as each kind grew ripe.

There were pleasant places away from the farm as well, especially along the upper part of the river. Sometimes Señor Romero took José with him into the beginning of the mountains, above all the ditches,

when he went fishing for trout. That was always good. José liked, also, the place where the head gate of the mother ditch was. Below the head gate a crude dam had been built across the river, and above it the water made a deep pool, reaching from bank to bank. There were big trees overhanging the pool and the gate, shading them. The water running over the top of the dam made a rich, chuckling noise, and splashed as it fell into the river bed below. José liked to sit there, not doing much of anything, listening to the water, watching the birds, and thinking of how the mother ditch started here beside him and went twisting along all the way to Cerrito and to his father's farm. Then, when he was in the fields, helping his father irrigate, he liked to think about what it was like way up there, where the water had come from.

During the winter there was almost no work to be done, except small chores. José's birthday came late in January, and they always had a little celebration for it. After José had become his father's chief helper, on the evening of his birthday they fell to talking about plans for the coming year. Abuelito interrupted the talk when he said, "All your ideas will not help you unless we have a good year."

That made everyone fall silent, because they knew that so far that winter there had been very little snow. Almost none had fallen in the valley, and the mountain peaks were white only in spots.

las mismas acequias, donde iban a pescar truchas. Eso siempre era cosa muy buena. También a José le gustaba el lugar donde se hallaba la compuerta de la acequia madre. Abajo de la compuerta había una reserva o tanque de agua, qué había sido construido a través de todo el río; y más arriba el agua hacía de por si un pozo o lagunita honda, extendiendo de ribera a ribera. Aquí habian árboles grandes que se deslizaban arriba del río de la compuerta, y proveyendo mucha sombre. El agua que corría sobre la altura de la lagunita hacía un ruido muy rico y risueño y se esparramaba al caerse al cauce del río más abajo. A José le gustaba sentarse allí, no haciendo mucho de nada, oyendo allí al agua, mirando a los pajaritos; y pensando de qué la acequia madre se había comenzado a formar allí, y que seguía su camino abajo volteándose muchas veces en su ruta lejana hacia al Cerrito y a la finca de su padre. Entonces cuando se hallaba en los campos agrícolas, ayudándole a su papá a regar, se ponía a pensar: de cómo estaban las cosas mucho más arriba, de allá donde originaba la acequia llenita.

Durante el invierno casi no había mucho trabajo que hacer, sino unos cuantos quehaceres. El cumpleaños de José llegaba muy tardeado en el mes de enero; y siempre había una buena celebración. Después de que José había crecido a ser el mayor ayudante de su papá, en la noche de sus compleaños siempre platicaban de los planes para el año siguiente. Entonces el Abuelito interrumpía la conversación, cuando les decía: --Todas tus ideas no te servirán si no tenemos un buen año venidero.--

Esto hacía que todos se quedaran callados, porqué todos sabían qué hasta entonces durante el presente invierno, había habido muy poca nieve. Casi nada había caído en el valle, y los picachos de los montañas se veían muy poco blanqueadas también.

Al rato, la Señora Romero decía: --Yo iré a la iglesia, a rezarle a San Ysidro Labrador qué sí nos envíe buenas nevadas.-- San Ysidro es el santo patrón de los labradores y de sus labranzas.

El Abuelito decía: --Yo iré contigo.--

Los turistas qué sólo visitaban Nuevo México para entretenerse durante el invierno, sí les gustaba el tiempo placentero, calientito y de mucho sol; pero los agricultores, rancheros y ganaderos estaban muy ansiosos. Cuando caía nieve, se les animaba la esperanza. En Cerrito, los muchachos casi nunca podían usar sus rastras. Los indios se habían fijado qué no había habido muchos coyotes en los alrededores de los ranchos buscando gallinas para robar. Eso quería decir qué la nieve no les había echado afuera de las altas montañas y qué los coyotes estaban cazando más arriba.

La irrigación es trabajo difícil. Al acabarse el invierno, siempre había mucho trabajo qué se tenía que hacer. Se limpiaba la acequia en la primavera, como de costumbre. Cuando corren las acequias, el agua corriente se trae consigo mucho lodo desde más arriba; y al correr el agua

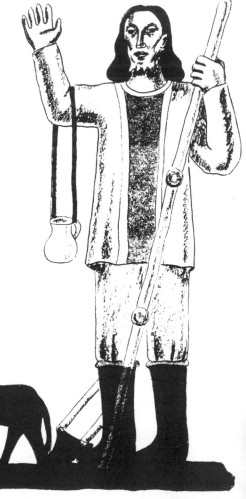

After a while, Señora Romero said, "I shall go to the church and pray to San Isidro to send us good snows." San Isidro is the saint of farmers.

Abuelito said, "I'll go with you."

Tourists who visited New Mexico for pleasure that winter praised the mild, warm, sunny weather, but the farmers and the cattlemen and sheepmen were worried. Whenever it did snow, their hopes were raised. At Cerrito, the boys got few chances to use their sleds. The Indians pointed out that very few coyotes were hanging about the farms, trying to steal a chicken. That meant that the snow had not driven them out of the mountains, and they were still hunting up there.

Irrigation is work. There was plenty of work to be done as winter ended. They cleaned the ditch that spring, as they always do. When the ditches are running, the river water brings down mud from above, and as it runs more slowly in the gentle slope of the ditch, the mud falls to the bottom. Sometimes it brings stones. Grass starts to grow. Things fall into the ditches. When there is a storm of wind, sand is blown into them. The banks get broken down because the water washes at them, or because horses and cows trample on them. Every year the ditches must be dug out and the banks built up again, from the head gates to where, down at the end, they run back into the river. All the men who get water from the same mother ditch join together to "clean" it each spring, and after school the older boys come to help them.

Indians from the Pueblo also helped the Cerrito people clean their mother ditch, and the Cerrito people helped them in return. Some worked with long-handled shovels, some with hoes, and some with scrapers pulled by horses, with which to build up the banks. At one

más despacio en la acequia, el lodo o zoquete se cae al cauce. A veces hasta se deslizan piedras. El zacate empieza a crecer. Otras cosas se caen en la acequia. Cuando hay vientos fuertes, la arena volante se cae en la acequia. Las riberas o lados se quebran porqué el agua se desliza a los lados o porqué los caballos y las vacas se meten y las atropellan. Cada año la acequia tiene que ser escarbada, y las riberas hechos de nuevo desde las compuertas hasta qué, al final, entran al río. Todos los hombres que sacan agua de la misma acequia madre se juntan a 'limpiar la acequia' cada primavera, y después de tiempo-de-escuela, los muchachos mayores vienen a ayudarles.

Los indios del Pueblo también les ayudaban a la gente de Cerrito a limpiar la acequia madre; y la gente de Cerrito también les ayudaba a ellos en su turno. Algunos trabajan con palas grandes, algunos con cavadores, y algunos con raspadores jaladas por caballos, así levantar las riberas.

En un punto la acequia de Cerrito cruza lo que en Nuevo México se le llama un 'arroyo,' un cauce grande y ancho con lados grandes, hecho así por un río qué se halla seco parte del tiempo, y qué corre como grande inundación cuando hay lluvia. Para llevar el agua de irrigación a través del arroyo, de lo alto de la tierra de un lado a otro lado a la vez, en tiempos pasados la gente hacía alguna clase de puenticito. Cavaban los troncos de dos árboles grandes para que se parecieran como dos canovas-de-madera sin sus orillas. En fin, estas canales se les llamaba 'canoas,' que es la palabra en español para canoa. Las dos canoas, atadas fuertemente la una a la otra, alcanza a través del arroyo. Donde los dos pedazos son juntados, éstos se detienen por maderos arreglados como una criba.

El año pasado, uno de los maderos qué ya había servido más de cien años, se había bien podrido, y se habia empezado a permitir que se chorreara la agua. Los hombres fueron a las montañas, escogieron un árbol grande, lo cortaron, lo arreglaron y lo jalaron hasta el pueblo donde lo dejaron a que se secara. Mientras que estaban limpiando la acequia, Carlos Romero, el tío de José, cavó

point the Cerrito ditch crosses over what in New Mexico is called an "arroyo," a deep, wide gully with steep sides, made by a stream that is dry part of the time, and runs in a flood when there has been rain. To carry the irrigation water across this, from the high ground on one side to the high ground on the other, long ago the people made a sort of bridge. They hollowed out the trunks of two big trees, so that they looked like two wooden canoes with no ends to them. In fact, channels of this kind are called *canoas*, which is the Spanish word for canoes. The two *canoas*, joined tightly end to end, reach across the arroyo. Where the two pieces are joined, they are held up by logs arranged in a crib.

The year before, one of the logs, which was well over a hundred years old, had rotted at the bottom and begun to leak. The men went into the mountains, chose a big tree, felled it and trimmed it, and dragged the trunk down to the village, where they left it to season. While they were cleaning the ditch, Carlos Romero, José's uncle,

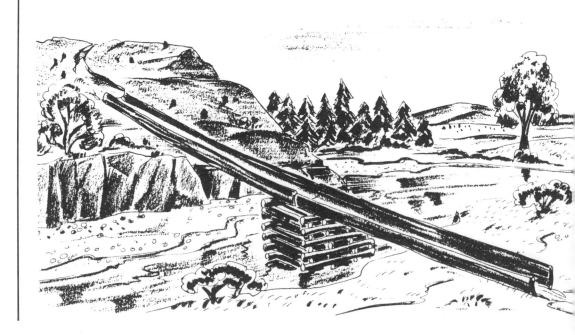

carved the trunk out into a new *canoa*. He was the one to do this, as he was the best carpenter in the village. Then the *canoa* was dragged to the arroyo and set into place. Bridges of this kind, to carry irrigation water over other water, are common. When it has been raining, you can see the stream running in the arroyo, and the ditch water crossing high above it.

While they were working, the men looked up at the mountains from time to time. A man would throw out a shovelful of dirt, and pause a moment, and look up to the east. That was where their eyes always went. The tops of the mountains were white with snow but, they thought, there was not enough. The first snow had not come until December. In January they had had one good snowstorm, but after that there had been only a few little ones. At no time had there been a heavy snow in the valley.

The Indians watched a spot on the south slope of one of the high mountains. They called this spot "the summer maker." If it was white

el tronco para hacer una nueva canoa. El era él quien tenía qué hacerlo, ya que se consideraba como el mejor carpintero de la comunidad. Entonces la canoa fue jalada al arroyo y puesta en su lugar propio. Puentes de esta clase, para llevar agua de irrigación arriba de otras aguas corrientes debajo, son comunes. Así qué cuando llueve, uno puede ver el agua corriendo por el cauce del arroyo, y también el agua que viaja de la acequia cercana cruzando ahora por arriba.

Mientras que trabajaban, los hombres miraban hacia los montes de tiempo a tiempo. Un hombre tiraba una palada de tierra, pensaba un momento, y miraba al este. Allá era donde los ojos de todos siempre se fijaban. Las cimas de los montes estaban blanqueadas de nieve sí, pero ellos pensaban, qué esto no era suficiente. La primera neive no había llegado hasta en diciembre. En enero tuvieron una buena nevada; pero después sólo había habido unas cuantas y muy escasas nievecitas. En ninguna vez había habido una nevada pesada en todo el valle.

Los indios miraban hacia un lugar en la costa sureña de una de las más altas montañas. Le llamaban este lugarcito 'el hacedor del verano.' Si este lugar estaba con nieve a tiempo que las acequias se limpiaban, ellos dijeron, entonces había agua bastante para el verano. Si estaba el lugar pelado sin nieve, habría seria sequedad. Este año no estaba el lugar muy pelado, pero la nieve allá estaba muy delgada y escasa. Los indios decían: --No se ha decidido en su mente todavía. Podremos tener una sequedad, o no la tendremos.--

Después que se había terminado el trabajo de la acequia madre, José y su padre limpiaron su propia acequia principal y las laterales, las acequiecitas que se sacaban. José todavía iba a escuela y así que sólo auydaba en la tardecita. Las limpiaban cuidadosamente y vigilaban las compuertas bien para asegurarse y que sí se podían abrir y cerrar fácilmente; pero todo el tiempo estaban pensando de qué tanta agua correría por las acequias. El Abuelito salía y les ayudaba también de vez en cuando, pero ahora se cansaba muy pronto. Entonces se sentaba en la tierra y miraba hacia las montañas y meneaba la cabeza.

Cuando el Señor Romero aró sus campos, dijo que la tierra ya estaba seca. Su arado hacía mucho polvo. Muy poca nieve había caído en el valle. Ni importaba, había sembrado como de siempre y José le ayudaba a sembrar. A José le gustaba mejor cuando ellos usaban los caballos y se le dejaba a él arrearlos y guiarlos.

with deep snow at the time the ditches were being cleaned, they said, then there would be water through the summer. If it was bare, there would be a drought. This year it was not quite bare, but the snow on it was thin. The Indians said, "It has not made up its mind yet. We may have a drought, we may not."

After the work on the mother ditch was finished, José and his father cleaned their main ditch and the laterals, the smaller ditches that branched off from it. José was still going to school, so he helped in the afternoons. They cleaned them neatly, and they went over the water gates to make sure that they were tight and would open and close easily, but all the time they were wondering how much water there would be to run through them. Abuelito came out and helped them from time to time, but he got tired soon. Then he would sit on the ground and look at the mountains and shake his head.

When Señor Romero plowed his fields, he said that the earth was already dry. His plowing stirred up dust. Too little snow had fallen in the valley. Still, he planted as he always did, and José helped him. José liked it best when they were using the horses and he could drive or lead them.

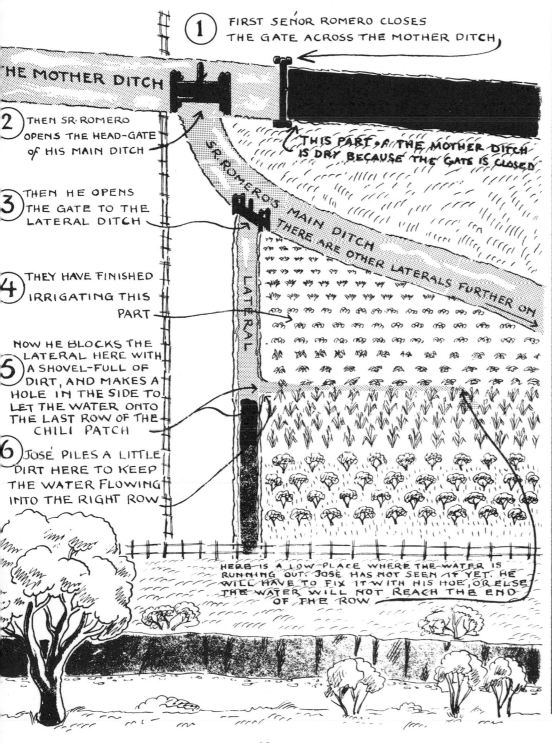

(1) FIRST SEÑOR ROMERO CLOSES THE GATE ACROSS THE MOTHER DITCH

HE MOTHER DITCH

THIS PART OF THE MOTHER DITCH IS DRY BECAUSE THE GATE IS CLOSED

(2) THEN SR. ROMERO OPENS THE HEAD-GATE of HIS MAIN DITCH

(3) THEN HE OPENS THE GATE TO THE LATERAL DITCH

SR. ROMERO'S MAIN DITCH THERE ARE OTHER LATERALS FURTHER ON

LATERAL

(4) THEY HAVE FINISHED IRRIGATING THIS PART

(5) NOW HE BLOCKS THE LATERAL HERE WITH A SHOVEL-FULL OF DIRT, AND MAKES A HOLE IN THE SIDE TO LET THE WATER ONTO THE LAST ROW OF THE CHILI PATCH

(6) JOSÉ PILES A LITTLE DIRT HERE TO KEEP THE WATER FLOWING INTO THE RIGHT ROW

HERE IS A LOW PLACE WHERE THE WATER IS RUNNING OUT. JOSÉ HAS NOT SEEN IT YET. HE WILL HAVE TO FIX IT WITH HIS HOE, OR ELSE THE WATER WILL NOT REACH THE END OF THE ROW

(Veáse la ilustración para poder entrar las propias oraciones en su lugar enumerado.)

1. *Primero* el Señor Romero cierra la puerta de la acequia madre.

LA ACEQUIA MADRE

Esta parte de la acequia madre está seca porqué la puerta está cerrada.

2. Entonces el Sr. Romero abre la compuerta de la acequia principal.
3. Entonces abre la puerta a la acequia lateral.
4. Han acabado de regar esta parte.
5. Ahora bloquea la lateral aquí con una palada de tierra, y hace un pozo en el lado, para dejar que entre el agua a la última era de la siembra de chile verde.

La acequia principal del Sr. Romero. Hay otras laterales más allá. . .

6. José apila una poca de tierra aquí para detener el agua corriente a la era que se está regando.

Aquí se halla un lugar bajo donde el agua se está saliendo. José no la ha visto todavía. El tendrá qué rellenarla con su cavador, o si no, el agua no llegará hasta la orilla de la era como ha de hacerlo.

Pablo Herrera viene a decirles que es su turno de abrir su compuerta y regar su rancho. El Sr. Herrera era viejo, pero no tan viejo como el Abuelito. Estaba delgado y activo, su cara morena de tanto trabajar afuera todos los días, y parecía ser hombre sabio. Por muchos años había sido *el mayordomo de la acequia;* qué quiere decir, qué era 'el superintendente de la acequia.' El sabía como limpiar la acequia madre, la vigilaba bien, le decía a la gente qué era necesario de trabajo cuando tenía que hacerse el trabajo de reparación. El podía figurar cuanta agua estaba corriendo en el río y cuanta correría en la acequia. El sabía cuanta era la cantidad de agua para la porción debida a cada finca y cuanto tiempo debería de estar abierta la compuerta.

Ellos no pensaban qué la porción debida de agua era un 'derecho de agua' qué pertenecía a cualquier hombre, sino que le pertenecía a la propia finca. Si un pedazo de la finca era vendido, parte del derecho de agua le seguía. Esa es la ley vieja, y es la ley de hoy en día. El pueblo de Cerrito había crecido desde que los primeros españoles se habían establecido aquí. Las fincas habían sido comprados y vendidos. Ranchos habían sido reducidos. El Sr. Herrera sabía cuanta porción de agua le pertenecía a cada pedazo, y cuando llegaba el turno de cada quien. En su cabeza, él tenía un mapa de la acequia madre y de los ranchos, y también en su cabeza él tenía la historia de los campos. El sabía cuales hombres eran golosos y podían atentar a abrir su puertas antes de su propio turno, o tenerlas abiertas mucho más tiempo, y cuales hombres eran honestos, y se podía depender de ellos. El era *el mayordomo*. El era tan equitativo y firme, como un buen juez, y todos lo respetaban.

Durante todo el mes de mayo, mientras se derretía la nieve en la sierra, el río corría bien lleno. Había suficiente agua para la acequia. Cuando se derretía muy de prisa la nieve, había más agua qué podía contener la acequia; el agua corría por arriba de la reserva o tanque, como si fuera una sabana o lona ancha de agua. Entonces el río abajo de la acequia de Cerrito y la acequia de los indios, deveramente parecía como un río. En otros tiempos, era como un riíto qué parecía estar perdido y

Pablo Herrera came to tell them that it was their turn to open their head gate and irrigate the farm. Señor Herrera was old, although not as old as Abuelito. He was lean and active, his face was tanned from being outdoors all day, and he looked wise. For many years he had been *mayordomo de la acequia*, which means "superintendent of the ditch." He knew how to clean the mother ditch, he looked after it, he told the people what to do when it needed to be repaired. He could tell how much water was running in the river, and how much would flow in the ditch. He knew just how much each farm's share of the water was, and how long each farm's head gate should remain open.

They do not think of a share of water, a "water right," as belonging to a man, but to a farm. If a piece of a farm is sold, part of the water right goes with it. That is the old law, and that is the law today. The village of Cerrito had grown since the first Spaniards settled there. Farms had been bought and sold. Farms had been split up. Señor Herrera knew how much water went with each piece, and when each one's turn came. In his head he had a map of the mother ditch and of all the farms, and also in his head he had the history of the fields. He knew what men were greedy and might try to open their gates before their turn, or keep them open too long, and what men were fair and could be trusted. He was the *mayordomo*. He was as fair and as firm as a judge, and everybody respected him.

All through May, while the snow in the mountains was melting, the river ran full. There was plenty of water for the ditch. When the snow was melting fastest, there was more water than the ditches could carry; water ran over the dam in a broad sheet. Then the river below the Cerrito ditch and the Indian ditch really looked like a river. At other times, it was just a little stream seeming lost and lonely as it wandered down the middle of the big, dry river bed.

There was no rain in May, but then, May is usually dry in the low country. What was bad was that also no rain or snow fell in the mountains. No clouds came over for the mountains to catch. In June, too, there was no rain.

School let out, and José had plenty of time to play and help his father. They cultivated the ground between the rows of plants that were coming up, keeping the soil loose, so that the roots could spread and so that the earth would hold whatever moisture it had in it. While they worked, and even when he was playing, José thought about how low the water was in the mother ditch. He worried about it. He knew that his father and mother, and Abuelito, were worrying, too, although they did not say much.

When it was their farm's turn to have the water, Señor Romero opened his gate. The water came in a thin stream. When they turned it on the first field, it sank into the dry ground. It took a long time to get even just one field wet all over. Their farm's water right was for four hours' irrigation; four hours were not long enough to get water on all the fields.

triste, cuando se deslizaba por el medio del cauce grande y seco.

No hubo nada de lluvia en mayo, pero normalmente el mayo casi siempre es seco en la tierra baja. Lo que sí era muy serio era qué, tampoco no había caído, ni agua ni nieve, en las montañas. Ninguna nube había llegado a las montañas para darles le humedad necesaria. En junio también no les había caído ninguna lluvia.

Ya se había acabado la escuela, y José ahora tenía mucho tiempo para poder jugar y para ayudarle a su padre. Ellos cultivaron la tierra entre las eras de matas y así tenían la tierra floja o suelta para que así la tierra pudiera detener cualquier humedad que tenía a su alcance. Mientras que trabajaban, y hasta cuando jugaba, José pensaba de cuan baja estaba el agua de la acequia madre. Se apenaba mucho. El sabía qué su padre y su madre y el Abuelito también se apenaban de esto, aunque no decían nada.

Cuando era el turno de su rancho para tener el uso del agua de regadío, el Sr. Romero abrió su puerta. El agua entró en una corriente muy escasa. Cuando la soltaron al primer campo de labranza, se desapareció adentro de la tierra seca. Así se tardaban largo tiempo para poder regar bien cualquier de sus campos. El derecho de su uso del agua era por cuatro horas de regadío; cuatro horas no eran suficientes para mojar bien con el agua todas sus labranzas.

On the Fourth of July everyone stopped work. They had fireworks in the plaza, and a party for the whole village. They set aside their worries for that day. It generally rains in July. When it does not, then there is a real drought. The Fourth ended and it was July fifth, and still the sky was clear. The long leaves of the corn curled up so that they looked like spiky grass. The mother ditch was dry. It had stopped running on the Fourth.

Señora Romero wanted to save her vegetables. She pulled up buckets of water from the well and the children carried it to pour on the plants. She often watered her flowers this way in an ordinary year, or by dipping up water from the mother ditch, because her flowers were planted above the main ditch, where they could not be irrigated. To take care of the vegetables with well water, she needed all the help she could get.

When the ditch was running well, and they turned the water onto the garden, they flooded the whole garden in a short time. The water soaked deep into the ground and was stored there, so that the roots of the vegetables could find it for several days afterwards. Now they could

En el Cuatro de Julio todos pararon de trabajar. Ellos tuvieron cohetes en la plaza y hubo una fiesta para toda la comunidad. En ese día se olvidaron de todas sus penas. Generalmente, llueve durante julio. Cuando no cae agua, entonces sí que hay una sequía terrible. Se acabó el cuatro y el cinco de julio se pasó, y el cielo se quedaba muy claro. Las hojas largas del maíz se enrizaban malamente y se parecían como zacate tieso. La acequia madre estaba seca. Se había secado en el mero Cuatro de Julio.

La Señora Romero quería salvar sus verduras. Ella jalaba cubetas llenas de agua de la noria y sus hijos la llevaban a echársela a las plantas. Así también regaba ella sus flores en año ordinario, o a veces cuando la había sacaba agua de la acequia madre porqué sus flores estaban sembradas arriba de la acequia principal, donde no se podían regar. Para cuidar de todas sus plantas de verduras con el agua-de-la-noria, ella necesitaba toda la ayuda que se podía darle.

Cuando corría bien la acequia, soltaban el agua en el jardín, podían inundar todo el jardín en corto tiempo. El agua se concentraba hondamente en la tierra y allí se quedaba bastante humedad que llegaba a las raíces de las verduras gozando de esta humedad, por varios días después. Ahora sólo podían echarles unas cuantas

cubetas a la vez. La tierra así regada se hallaba seca el día siguiente. Cada día las hojas de lechuga se secaban y se caían al suelo con el calor del sol ardiente. Entonces les echaban agua alrededor de las plantas, y se soliviaban las hojas. El día siguiente se hallaban otra vez caídas al suelo.

Las manzanas eran chicas. Los albaricoques eran muy chiquitos y hasta se caían al suelo antes de poderse madurar. La alfalfa debajo de los árboles no era rica ni de color verde bueno. Se veía cansada y polvorienta.

Todos fueron a la iglesia el domingo a rezar por la lluvia. El sacerdote, qué venía a Cerrito una vez a la semana, dirigió oraciones especiales. Muchos indios del Pueblo vinieron a acompañarle a la gente de Cerrito. Los indios puebleños habían sido cristianos desde que habían venido los españoles, pero ellos también tienen su propio modo indígena de rezar y adorar.

El siguiente día, los indios bailaron a pedir la lluvia.

only pour a few pailfuls at a time. The ground they had watered would be dry again the next day. Each day the leaves of the lettuce plants wilted and lay on the ground under the heat of the sun. Then they would pour water around them, and the leaves would rise up. The next day they would be lying on the ground again.

The apples were small. The apricots were very small and they began to fall on the ground before they were ripe. The alfalfa under the trees was not rich and bright green any more; it looked tired and dusty.

Everyone went to church on Sunday to pray for rain. The priest, who came to Cerrito once a week, led special prayers. Many Indians from the Pueblo came to join the Cerrito people. The Pueblo Indians have been Christians ever since the Spaniards came, but they also have their own, Indian ways of praying and worshiping.

On the following day the Indians danced for rain. More than half

Más de mitad de los hombres y mujeres y niños y niñas de la tribu se vistieron en sus trajes indígenas y bailaron todo el día, mientras que un grupo de hombres tocaron sus tampores y cantaron por ellos. La gente de Cerrito vino a acompañarles. Ellos sabían qué esta danza era un servicio religioso y que habían muchas oraciones contenidas en las canciones, y ellos esperaban que éstos y

of the men and women and boys and girls of the tribe put on their old, Indian costumes and danced all day long, while a group of men drummed and sang for them. The people from Cerrito came to watch. They knew that this dance was a solemn religious service and that there

sus propios rezos, saldrían con éxito.

Unos días después, José le ayudaba a su padre a cultivar la tierra seca alrededor de las eras de maíz, para que no se hiciera dura la tierra. El trabajaba

were many prayers in the songs, and they hoped that these, and their own prayers, would be successful.

A few days later José was helping his father cultivate the dry dirt around the hills of corn, to keep it from becoming hard. He worked

tristemente, viendo cuan delgadas y malamente secas se veían las plantas altas. Al fin, paró a descansar, apoyándose en su cavador. Miró a través del río, a la tierra muy seca al otro lado, pareciendo tan caliente como desierto bajo el ardiente sol. En el noroeste vió algo más brillante qué el color azul fuerte del cielo. Estaba formado como la cabeza y los hombros de un gigante, si alguien pudiera modelar un gigante de los más grandes 'marshmallows.' Esta forma estaba subiendo más arriba en el cielo en la orilla de los lejanos montes en el oeste. Esta forma era blanca como la nieve, y el sol la iluminaba bien. El sabía qué era una nube-de-lluvia.

El llamó a su padre: --¡Papá! ¡Mira! Se están levantando las nubes.--

Su papá miró hacia arriba. --¡Ojalá!-- dijo él. --Esta noche rezaremos algunas oraciones más.--

La primera nube se levantó más allá del horizonte. Otras la siguieron. Para mediodía se veían nubes por toda parte del cielo. De vez en cuando, se veía el rancho todo en sombra. En la tarde el viento empezó a sentirse. Los indios dicen: --El viento es el enemigo de la lluvia.-- Algunas veces el viento trae la lluvia; pero casi siempre en ese terruño el viento la espanta. Eso es lo que pasó en este día. Al atardecer, el cielo se veía claro otra vez.

El día siguiente había más nubes. Por un tiempo el cielo en el oeste estaba negro, y se podían ver los relámpagos en el cielo. Entonces el viento se levantó, y en vez de lluvia recibieron polvo volando por dondequiera en el rancho, y así se ponía todo más seco que antes. En el tercer día se podía ver que estaba lloviendo en la distancia. Cayó la lluvia en el seco terruño del sur, y alguna lluvia cayó en las distantes montañas, pero nada de ésta caía donde se podía venir hacia el Río Cerrito.

Las nubes se juntaron otra vez en la noche. Cuando José despertó, el sol se había escondido. Vientecitos se notaron en la mañana, pero no eran como los fuertes vientos qué habían ya tenido. Estos estaban frescos; hasta se podía oler la humedad en ellos. Oyeron los truenos y entonces más truenos, y hasta pudieron ver algunas centellas. La primera lluvia cayó en Cerrito al

sadly, seeing how thin and ill fed the tall plants looked. By and by, he stopped and rested, leaning on the handle of his hoe. He looked across the river, to the dry land on the other side, seeming so hot and desert under the strong sun. In the northwest he saw something brighter than the hard blue of the sky. It was shaped a little like the head and shoulders of a giant, if someone should model a giant out of very big marshmallows. This form was rising in the sky above the end of the faraway mountains in the west. It was snow-white, and the sunlight gleamed on it. He knew that it was a thundercloud.

He called to his father, "Papa! Look! There are clouds coming up!"

His father looked. "Let us hope," he said. "This evening we shall say some prayers."

The first cloud rose clear of the horizon. Others followed it. By noon there were clouds spotted all over the sky. From time to time the farm was all in shadow. In the afternoon the wind began to blow. The Indians say, "The wind is the enemy of the rain." Sometimes the wind brings rain, but more often in that country it drives it away. That is what happened on this day. At sunset the sky was clear again.

On the next day there were more clouds. For a time the sky in the west was dark and there were some flashes of lightning across it. Then the wind sprang up, and instead of rain they got dust blowing across the farm, so then everything was drier than ever. On the third day they could see rain falling far away. It fell in the dry country to the south, and some fell in distant parts of the mountains, but none of it came down where it would run into the Río Cerrito.

Clouds gathered again during the night. When José woke up, the sun was hidden. Puffs of wind came up in the morning, but they were not like the hard winds that had been blowing. They were cool; you could smell moisture in them. They heard thunder and then more thunder, and soon they saw lightning. The first rain fell on Cerrito at lunchtime. It did not rain all over the country at one time, nor did the rain stay long in one place. Curtains of rain, some a mile wide, some narrower, moved across from west to east. They would wet the ground where they passed, while on either side the ground might still be dry. Rain fell three times on Señor Romero's farm. It was enough to lay the dust, wash off the leaves and make them look bright, and freshen Senora Romero's lettuce.

Cloud after cloud, those that dropped rain into the valley and those that just passed overhead, marched slowly to the mountains. There they were held, they massed together, and the mountaintops combed them. They hid the peaks with purplish darkness through which from time to time the lightning flashed. This was what everyone had been hoping and praying for.

The thunder and lightning rolled around the mountains. When the clouds in the west broke up in the late afternoon, they were still dark and thick up there. The rain fell and fell in the forests and the high meadows. It soaked in around the roots of the great trees, the roots of the bushes, and the grass and the wild flowers. Once again the earth of the high country was filled with water. The little springs had nearly stopped flowing; they seemed to have gone to sleep, now they woke up. Clear streams ran down over the beds of water cress. In the highest places, the air turned bitter cold.

The clouds kept coming across the sky for several days. When it cleared in the west, in the evenings, the level sunlight shone on the piled-up dark masses, and made single and double rainbows in the east. In the valley, the heat no longer bore down on them in the daytime, and at night it was cool. José's mother put an extra blanket on his bed. On the morning when the clouds lifted and the sky cleared, the people in the valley could see snow on the highest peaks. They could not ask to see anything more beautiful.

Señor Romero and his two neighbors, Tomás Aragón and Mr.

tiempo de comer en el mediodía. No cayó la lluvia por todo el terruño en un tiempo, ni se quedó muy largamente en un solo lugar. Cortinas de lluvia, algunas como de una milla de anchura, algunas delgadas, caminaban del oeste al este. Se mojaoaba la tierra donde pasaba la lluvia, mientras que en otros lugares la tierra todavía se quedaría seca. La lluvia cayó tres veces en el rancho del Sr. Romero. Era suficiente para calmar el polvo, limpiar las hojas y hacerlas lucir de verde fresco, y alegró las lechugas de la Sra. Romero.

Nube tras nube, las que derramaban agua al valle y las que sólo pasaban arriba, se marchaban despacio a las montañas. Allí se detenían, se juntaban, y las cimas de la sierra peinaban estas nubes. Escondían los picachos con oscuridad morada por la cual de vez en cuando los relámpagos se veían. Esto es lo que todos habían deseado y rezado.

Los relámpagos y las centellas merodeaban las montañas. Cuando las nubes en el oeste se quebraron ya muy tarde, todavía las nubes se veían muy negras y gruesas allá arriba. El agua cayó, y cayó en la floresta y en las altas vegas. Se concentró hondamente en y por las raíces de los árboles grandes, las raíces de los arbustos, y en el zacate, y en las flores silvestres. Otra vez la tierra de la sierra estaba llena de agua. Los ojitos ya casi habían parado de salir; parecía que se habían dormido, ahora ellos despertaban. Riítos claros corrían sobre las plantas fructíferas. En los más altos lugares, el aire se había volteado muy frío.

Las nubes continuaron a pasar por el cielo por varios días. Cuando se aclaró el cielo en el oeste, en las nochecitas, el sol deslumbraba las masas apiladas muy negras de lo alto, y se hicieron arcos irises sencillos y combinados en el este. En el valle, el color no se concentraba duramente durante el día, en la noche se ponía fresco. La madre de José le puso una frezada extra en su cama. En la mañana cuando se soliviaron las nubes y se aclaró el cielo, la gente del valle podía ver nieve en los más altos picos. ¡No podían pedir el ver algo más hermoso!

El Sr. Romero y sus dos vecinos, Tomás Aragón y el Sr.

Wilkinson, ensillaron sus caballos y se dirigieron a la compuerta de la acequia madre. Allí ya hallaron a don Pablo Herrera, *el mayordomo*. Don Pablo les enseñó un palo que él había metido en la arena de la orilla del río, poco antes. El agua ya medía una pulgada de hondura alrededor del palo. --El río está creciendo,-- dijo. --Voy a hablarles a los indios. Todos debemos de prepararnos a regar.--

El río se volvió lodoso y crecía pronto a medida que el agua se deslizaba de la superficie de la tierra que se mojaba. Por un corto tiempo, también había mucha agua corriendo en los arroyitos de la tierra seca. En algunos de los arroyitos había inundaciones regulares, pero esto no duraba más de una hora o un poquito más. El agua corría para abajo, no haciendo mucho bien, hasta que llegaba al Río Grande, el grande río de Nuevo México. Por este río se iba más abajo a lugares donde otra gente ya estaba regando. Una gota qué caía en un lugar arenoso cerca de Cerrito y luego se fluía al grande río, podría resultar en agua que regara alguna planta en el campo agrícola del sur de Nuevo México, centenares de millas

Wilkinson, saddled their horses and rode up to the head gate of the mother ditch. They found Pablo Herrera, the *mayordomo*, already there. Pablo showed them a stick he had stuck in the sand at the edge of the river a short time before. The water was now an inch deep around it. "The river is rising," he said. "I am going to talk with the Indians. Everyone had better get ready to irrigate."

The river turned muddy and rose quickly, as the water that runs off the surface of the soil poured into it. For a short time, too, there was water running in the gullies of the dry land. In some of the gullies there were regular floods, but they did not last more than an hour or so. That water raced on downhill, doing no good, until it poured into the Río Grande, the great river of New Mexico. It went on down in that river to places where other people were irrigating. A drop that fell on a sandy slope near Cerrito and then flowed into the great river might end by feeding a plant in someone's field in southern New Mexico, hundreds of miles away, or in Texas, or in the Republic of Mexico. Around Cerrito, the "run-off" water was soon gone, but the rain and snow that had soaked deep into the mountains would keep the springs and brooks flowing, and they would feed the river all the rest of the summer.

The Río Cerrito filled up. That afternoon the Indians opened their head gate. They used the river for the rest of that day, and that night, and until late the following afternoon. The sun was in the west when the man who was chief of the Indian mother ditch rode over to the Cerrito head gate. He and Pablo Herrera were old friends. Pablo was standing by the head gate, waiting. His horse stood behind him.

The Indian *mayordomo* said, "All right, friend, now it is your turn. Now your people's poor corn can have a drink."

He helped Pablo open the big gate. The water poured into the

más abajo, o en Texas, o en la República de México. Alrededor de Cerrito, esta agua fluyente y sobrante se desaparecía muy pronto; pero la lluvia y la nieve qué ya se había concentrado bien adentro de las montañas tendrían los ojitos y los riítos altos fluyendo más y esto se compartiría en el río por el resto del verano.

El Río Cerrito se llenó. Esa tarde los indios abrieron su compuerta. Usaron el río por el resto del día y también en la noche, hasta bien tarde de la siguiente tarde. El sol estaba en el oeste cuando el hombre que era el jefe de la acequia madre india viajó a la compuerta de Cerrito. El y don Pablo Herrera eran viejos amigos. Don Pablo estaba parado cerca de la compuerta, esperando. Su caballo le esperaba más atrás.

El *mayordomo-indio* le dijo, --Bueno, mi amigo, ahora es su turno. Ahora el pobre maíz de su gente, podrá beber.--

El le ayudó a don Pablo a abrir la puerta grande. El

45

agua salió a la acequia madre. Don Pablo montó su caballo y se dejó ir en un buen trote. Cuando salió de los arbustos y de la tierra brusca cerca del río, le hizo a su caballo galopear. Tenía don Pablo que llegar al rancho que iba a tener el primer turno antes de que llegara el agua allá, para que sí estuviera listo el ranchero y qué no se perdiera ninguna agua.

Durante la mañana el Sr. Romero y José habían vigilado toda parte de sus campos cuidadosamente, para indagar si algún ratón u otros animales no habían hecho agujeros en cualquier lugar. Algunas veces estos pozos estaban muy hondos, y si no eran cerrados mucha cantidad de agua les entraría. Sólo hallaron dos agujeros, porqué el Sr. Romero era buen ranchero y cuidaba bien su rancho. Los agujeros que hallaron los rellenaron. Vigilaron de nuevo el rancho en la tarde. Entonces, cuando ya habían acabado, anduvieron por toda la acequia madre y parados los dos lado a lado, mirándola y pensando cuan pronto les vendría el agua.

Mientras estaban parados allí, *el mayordomo* llegó en su caballo. Les dijo: --Tomás tendrá el agua desde la diez de la noche hasta las dos de la mañana. Ustedes la tendrán desde las dos hasta las seis de la mañana. Entonces le tocará el agua a Wilkinson.--

El Sr. Romero resolló un poquito. Era difícil, levantarse en la media noche para regar con el agua. Entonces dijo: --Pues, tenemos que tomar la agua cuando nos llegue. Gracias a Dios que sí nos hay agua para regar nuestros campos.--

Se volvieron a su casa. El Sr. Romero le dijo: --Hijo, ahora sí que necesitaré tu ayuda. El Abuelito ya está muy viejecito para esta clase de trabajo, y tú tendrás qué portarte como hombre--

José le respondió: --Haré lo mejor posible.--

Ellos le dijeron a la Sra. Romero. Ella dijo que ella, también, ayudaría. --Todo está tan seco,-- dijo ella, --y tendremos que ver que el agua sea derramada por dondequiera. Es despacio, trabajando así en lo oscuro. Yo también ayudaré. Yo sé como usar un cavador.--

Ella fue al cajón-de-madera grande y sacó unas botas

mother ditch. Pablo mounted his horse and rode off at a brisk trot. When he got out of the bushes and the rough ground by the river, he spurred his horse to a lope. He had to get to the farm that had the first turn before the water did, so that the farmer would be ready and no water would be lost.

During that morning Señor Romero and José had been going over all their fields carefully, to see if any gophers or other animals had made holes anywhere. Sometimes these holes are very deep, and if they are not closed up, a lot of the water will run down them. They found only two holes, because Señor Romero was a good farmer and kept watch over his land. The ones they found they filled up. They went over the land again in the afternoon. Then, when they had finished, they walked up to the mother ditch and stood side by side, looking at it, and wondering how soon the water would come to them.

While they were standing there, the *mayordomo* came by on his horse. He said, "Tomás has the water from ten o'clock tonight until two. You have it from two until six in the morning. Then Wilkinson gets it."

Señor Romero gave a little sigh. It was hard to get up in the middle of the night to spread the water. Then he said, "Well, we have to take the water when it comes. Thanks to God that there is water to put on the land."

They turned back toward the house. Señor Romero said, "Son, now I really need your help. Abuelito is too old for this kind of work, so you must be a man for me."

José said, "I'll do my best."

They told Señora Romero. She said that she, too, would help. "Everything is dry," she said, "and we must see that the water is spread everywhere. It is slow, working in the dark. I'd better work, too. I know how to use a hoe."

She went to the big, wooden chest and got out the rubber boots.

Often when they irrigated in the daytime, they rolled up their trousers and went barefoot. In the summer the water was warm from the sun, it was pleasant to feel it around one's bare feet on a hot day. At night, however, the air was cool and the water would still have the coolness of the mountain springs in it, so they wore boots. José had a pair of his own. His mother said she would wear Abuelito's.

The Señora cooked a big pot of beans. She could leave them on the back of the stove to keep warm, and in the early morning it would not take long to have them nice and hot again. They went to bed early. Señor Romero set the alarm clock for one o'clock. They very seldom used the alarm clock, because they were all used to getting up as soon as it was light.

When the alarm went off in the middle of the night, José felt as

de hule. Muchas veces cuando regaban durante el día, se doblaban las pantalones y salían descalzos. En el verano el agua estaba calientita del sol, era muy placentero sentirla en los pies descalzos en un día caliente. En la noche, al contrario, el aire estaba fresco y el agua retenía la frescura de los ojitos de la sierra, y por eso usaban botas. José tenía un par de botas para su uso. Su mamá dijo qué ella usaría las del Abuelito.

La Señora cocinó una olla grande de frijoles. Ella los podía dejar en la parte trasera de la estufa, para que así se quedaran calientitos, y en la mañanita no se tardaba mucho tiempo para que se calientaran cuando los comían. Se acostaron temprano. El Sr. Romero arregló el reloj-despertador para la una de la mañana. Casi nunca usaban el reloj-despertador porqué todos ellos estaban acostumbrados a levantarse tan pronto como aclaraba el cielo.

Cuando el reloj-despertador sonó en la media noche,

José se sintió como si le molestaba. El quería esconder su cabeza debajo de la frezada y, otra vez, meterse a dormir. Entonces se acordó. Se forzó a levantarse de la cama. Entró quietamente a la cocina para no despertar a su hermanito y hermana.

Su mamá había prendido la lámpara en la mesa de cocina. Para el tiempo que se había lavado y acabado de vestir, su padre ya había prendido la lumbre en la estufa y puesto la olla de frijoles en la parte caliente. Su madre hizo café y después se puso a echar tortillas. Tortillas son delgadas y redondadas piezas de pan qué se pueden hacer en unos cuantos minutos. La Señora las hizo al modo viejo. Tomó un pedazo de masa y la palmoteó rápidamente en sus manos, volteándola hasta qué estaba aplastada y muy redonda, y habiendo limpiado la tapa de la estufa con un trapo limpio, la echó a cocinar. En un minuto volteó la tortilla y en unos pocos minutos ya estaba echada.

José se sentó y ojeó la lámpara. A lo primero, no pensaba qué quería él algo de comer; pero cuando olió el cafecito y los frijoles, él sí sabía qué tenía mucho hambre. Se comió dos tortillas, quebrándolas en pedacitos y metiéndolas en los frijoles. No se comió sólo todas, sino qué le dió varios pedacitos a su perro Cuco. Su mama sabía bien como sazonar los frijoles, habiéndoles echado con yerbas buenas para que salieran deliciosos. El limpió su plato. Se bebió una taza de café caliente y un vaso de leche, y se comió un tazón de duraznos. Después qué todos habían comido, se quedaron sentados en la cocina un poquito tiempo para que se les abajara la comida. Entonces se pusieron sus botas. Prendieron las linternas y salieron afuera de la casa, y allí agarraron los cavadores y las palas de la dispensa de hierros del rancho.

La noche estaba clara. Las estrellas estaban brillantes en el cielo. Estaba fresco pero no estaba frío y no había viento. José se paró con su padre y su madre en la compuerta en el rincón sudoeste de la finca. Cuco los había seguido. Se dejaba ir adelante a lo oscuro y cuando oía cualquier ruidito, corría hacia la luz de las linternas. El papá de José le dijo que ya eran cinco minutos para las dos de la mañana. Al otro lado, en el lugar de los Aragones,

if it hurt him. He wanted to bury his head under the blanket and go back to sleep. Then he remembered. He made himself get out of bed. He tiptoed into the kitchen, so as not to wake up his little brother and sister.

His mother had lit the lamp on the kitchen table. By the time he had washed and finished dressing, his father had built up the fire in the stove and put the beans over a hot part. His mother made coffee, then she made tortillas. Tortillas are thin, round loaves of bread that can be made in a few minutes. The Señora made them in the old way. She took a lump of dough and patted it rapidly between her hands, turning it until it was flat and quite round, then she wiped the top of the stove with a cloth and dropped the tortilla on it. In a minute she turned it, in another minute it was done.

José sat and blinked at the lamp. At first he did not think he wanted anything; then when he smelt the coffee and the beans, he knew he was very hungry. He ate two tortillas, breaking them into pieces and dipping them into his beans. He did not quite eat all of them, because he gave a piece of each to Cuco. His mother knew just how to season beans and put the right herbs in them, so that they were delicious. He cleaned up his plate. He drank a cup of coffee and a glass of milk, and he ate a bowl of canned peaches. After they had all eaten, they sat in the kitchen for a little while to let their food settle. Then they put on their boots. They lit lanterns and went outside, and got hoes and spades from the tool shed.

The night was clear. The stars were brilliant in the sky. It was cool, but not chilly, and there was no wind. José stood with his father and mother by the head gate at the southeast corner of the farm. Cuco had come out with them. He would start off into the darkness when he heard a noise, then hurry back to the lantern light. José's father said it was five minutes to two. Next door, on the Aragón place, they could

podían oír voces y ver luces que se movían mientras que el Sr. Aragon y sus dos hijos trabajaban, usando los últimos minutos de agua de regadío.

Ellos vieron qué una de las luces se movía hacia la acequia madre. Casí exactamente a las dos, el agua empezó a correr en la acequia a sus pies. Los Aragones habían cerrado su puerta al punto. Eran buenos vecinos. El Sr. Romero cerró la puerta qué tapaba el agua de la acequia madre un poquito más arriba de su compuerta. El agua arriba empezaba a solivarse rápidamente.

Oyeron los pasos quietos de un caballo en el camino cercano arenoso, y un no muy claro repiqúeo de espuelas de caballero. Don Pablo Herrera se les arrimaba cerca.

--Es vuestro turno, -- les dijo. --Pueden abrirla.--

El Sr. Romero abrió la compuerta. Ahora, con la otra puerta ya cerrada, toda la fuerza y volúmen del agua entró a su rancho. Empezaron a trabajar. No hablaban mucho. De tiempo a tiempo, el Sr. Romero daba algunas direcciones a su esposa o a su hijo. Les decía: --Abran

hear voices and see lights bobbing about where Señor Aragón and his two sons were at work, using their last few minutes of water.

They saw one of the lights move uphill, towards the mother ditch. Almost exactly at two, the water began to run in the ditch at their feet. The Aragones had closed their gate right on time. They were good neighbors. Señor Romero closed the gate that dammed the mother ditch just below his head gate. The water above it began to rise rapidly.

They heard the quiet steps of a horse in the sandy road, and a faint clink of spurs. Pablo Herrera stopped near them.

"It's your turn," he said. "You may open up."

Señor Romero opened the head gate. Now, with the other gate closed, all the flow of the mother ditch ran into their farm. They set to work. They did not talk much. From time to time Señor Romero would give directions to his wife or his son. He would say, "Open up

this place here," or "pile some dirt over there, the water's going to the wrong place."

They let the water from the main ditch into the two laterals. These were much smaller. They were not made by digging down into the ground, but by building up the sides with dirt, so that the water was carried a little higher than the fields. Moving along these, they blocked them with dirt at the places where they wanted the water to run out into the fields. Then they followed along the rows, to see that it flowed into the right places. José had had a good deal of experience. He knew how to control the flow with a little earth scraped up here, or to make it run along to the end of a row of corn or beans, or other crops, by scraping a little away. The hoe was big and heavy, but he handled it skillfully. Just a little earth pulled away here or piled there sent the life giving water where it should go.

este lugar aquí,-- o, --apilen tierra allá, el agua se está metiendo en mal lugar.--

Dejaron que el agua de la acequia principal se metiera en las dos laterales. Estas eran más chicas. Estas eran hechas no por haber sido escarbadas adentro de la tierra misma, sino por haber sido levantados los lados con tierra para que el agua fuera llevada más altos de los campos. Caminando en estos, podían bloquear o estancarlos con tierra en los lugares donde ellos querían qué el agua entraría a los campos. Entonces seguían las eras para que el agua fluyera a los lugares necesarios. José ya tenía mucha experiencia. Sabía él como controlar la venida con un poquito de tierra escarbada, o hacerle correr hasta el fin de la era de maíz o frijol, u otras siembras, por escarbar un poquito. El cavador estaba grande y pesado, pero él lo manejaba con destrueza. Sólo con echar tierra de un lugar a otro o apilarlo allá enviaba el agua vivificante a donde tenía que irse.

Trabajando de noche les daba nuevos problemas. Tenía qué tener mucho cuidado de no dejar la linterna en lugar donde se iba a inundar de agua. Tenía qué acordarse de levantarla en alto de tiempo a tiempo y mirar todo alrededor para estar seguro qué no se estaba escapando el agua. Era cosa buena el ver a la tierra seca beber y saber qué nueva vida estaba ya entrando hondamente alrededor de las raíces.

La Sra. Romero primero fue a inundar su jardín de vegetales. El Sr. Romero decidió comenzar en la huerta, aunque la huerta estaba al finál del rancho. El dependía de la venta de la fruta y del alfalfa para conseguir la mayor cantidad del dinero que necesitaba y temía de su condición actual. Se llevó consigo a José.

Era muy extraño, correr el agua debajo de los árboles en la noche donde las hojas cortaban la luz de las estrellas y estaba muy oscuro. La alfalfa cubría la tierra casi sólidamente, así que no se podía ver el agua. La oía gorgojear, y la luz de las linternas se reflejaban en pedacitos brillantes por debajo de las plantas, como si fueran hechas de vidrio. José podía oír a Cuco bebiendo algo del agua invisible. Las hojas de los árboles hacían ruiditos arriba de su cabeza. La luz de la linterna relumbraba en las partes inferiores de las hojas y en los troncos de los árboles.

Cuando acabaron la huerta, se fueron otra vez arriba al campo de la siembra de frijoles. La madre de José ya había comenzado a regar allí. Corría el agua entre las eras en tierra abierta, donde uno podía ver lo qué se estaba haciendo. La primera agua se metió bien adentro de la tierra seca y sedienta. Entonces cuando la tierra se había humedecido, el agua corría más allá, y mucho más allá hasta que había llegado a toda la largura de la era. Esta noche la acequia estaba corriendo bien llenita; aunque cada pedazo de tierra había bebido mucha agua antes de que dejara que se pasara más allá, tenían bastante agua para regar bien todas partes del rancho. José pensaba qué las matas o plantas se sentían muy bien ahorita.

Dos horas se pasaron. José se sentía cansado pero seguía trabajando con entusiasmo. El había sido criado a ser buen ranchero; era un muchacho que crecía a ser buen hombre. Para él las plantas eran cosas vivientes.

Working at night made new problems. He had to be careful not to leave his lantern standing where it would be flooded. He had to remember to raise it high from time to time and look all around, to make sure that the water was not escaping. It was good to see the dry earth drinking and to know that new life was going down around all the roots.

Señora Romero went to soak her vegetable garden the first thing. Señor Romero decided to begin with the orchard, although it was at the bottom of the farm. He counted on the sale of his fruit and alfalfa for the largest part of the money he brought in, and he was worried about their condition. He took José with him.

It was strange, running the water in under the trees at night, where the leaves shut out the starlight and it was really dark. The alfalfa covered the ground almost solidly, so that you did not see the water. You heard it gurgle, and the light of the lanterns was reflected in little bright specks from underneath the plants, as if there were glass there. José could hear Cuco lapping up some of the invisible water. The leaves of the trees rustled faintly overhead. The lantern light shone on their undersides and on the trunks of the trees.

When they had finished the orchard, they moved back up to the bean field. José's mother had already started the water going in there. It ran between the rows, in the open, where you could see better what was happening. The first water sank right into the thirsty ground. Then when the earth was wet, the water flowed on a little farther, and so on, until it had reached the whole length of a row. Tonight the ditch was running full; even though each piece of ground drank a lot of water before it would let any pass on beyond, they had flow enough to soak every part of the farm. José thought the plants must be feeling better already.

Two hours went by. José felt tired, but he kept hard at work. He had been brought up to be a farmer; he was a boy who would grow to be a good one. To him the plants were living things. When

Cuando estaban tan secas y hambriadas, él sentía pena por ellas. Ahora estaba contento, pensando de poder traerles vida. El quería ver qué cada planta en el rancho estuviera verde y bien-nutrida. No importaba cuan cansado se sentía, él no pensaría de querer por eso parar hasta que todo el rancho había sido regado.

El cielo arriba de las montañas en el este su puso un poco claro. Se volteó blanco. Después se hizo de color colorado suave. Allá en el oeste, la luz del amanecer cayó en algunas nubes, coloreándolas como rosas grandes y floreadas. Esas nubes del oeste quizás podrían decir qué habría más lluvia todavía en las montañas poco después, todavía más agua almacenada qué se vendría abajo de los ojitos y mantener así el riíto lleno. Habían regado el trigo, y ahora estaban regando la siembro de chile verde. Donde el agua corría entre las eras, los colores rosados del amanecer estaban reflejados en ella. Donde la tierra estaba mojada y relumbrando del agua que la había adentrado bien, el amanecer también estaba reflejado pero no tan brillantemente. Parecía qué la tierra color-de-café había side tiñida con un tiñe delgado y rosado.

Era casi la madrugada cuando se mudaron a las milpas de maíz. Un vientecito se formó y movía las hojas medias secas. José pensaba, --¡Maíz, te sentirás mejor en muy poco tiempo!-- Una alondra estaba cantando en la vega más abajo de los campos. José podía oler la tierra bien húmeda. Ellos corrieron el agua entre las eras del maíz fuerte.

José volvió de acabar una era como su padre acababa la era más abajo. Cuando Jusé lo pasó, el Sr. Romero le sonrió y le dijo, --Creo qué sí vamos a comer elotes de maíz al fin de todo.--

Cuando el maíz estaba medio acabado, la Sra. Romero les dijó qué ella se iba ya a la casa para empezar a hacerles el desayuno. Su esposo le dijo: --Bien, y a ti muchas gracias por todo el trabajo difícil.--

José pensaba qué su cavador se ponía más y más pesado y qué el lodo o zoquete se ponía más pegajoso que antes. Sus brazos se sentían pesados y sus botas parecían que estaban llenas de hierro pesado. No paró de trabajar. El maíz necesitaba su agua, pensaba él; y su

they were so dry and starved he felt sorry for them. Now he was happy to think of bringing life to them. He wanted to see every plant on the farm looking green and well nourished. No matter how tired he became, he would not have been willing to stop until all the farm had been irrigated.

The sky above the mountains in the east grew pale. It turned white. Then it turned a soft red. Over in the west, the dawn light fell on some more clouds, coloring them like big, fluffy roses. Those clouds in the west might well mean still more rain in the mountains a little later on, still more water stored up to come out of the springs and keep the river running. They had irrigated the wheat, and now they were finishing the chili field. Where the water was running between the rows, the pink color of the dawn was reflected in it. Where the ground was wet and shining from water that had already soaked it, the dawn was also reflected, but not so brightly. It looked as if the brown earth had been stained with a thin, rosy stain.

It was nearly sunrise when they moved to the cornfield. A little breeze came up to rustle the dry spiky leaves. José thought, Corn, you will feel better in a little while. A meadow lark was singing in the pasture below the field. José could smell the wet earth. They ran the water in around the strong stalks of the corn.

José came back from finishing one row as his father was irrigating the one below. When José passed him, Señor Romero smiled and said, "I think we're going to eat corn on the cob after all."

When the corn was half finished, Señora Romero said that she was going back to the house to start breakfast. Her husband said, "All right, and thank you for your hard work."

José thought that his hoe was getting heavier and heavier, and that the mud was much stickier than it had been at first. His arms felt heavy and it seemed as if his rubber boots had lead in them. He did not stop working. The corn must have its water, he thought, and his father was counting on him to do a man's work. From time to time he stopped to rest, then he went back to watching, moving the dirt, seeing that each hill of corn got its share.

The mountains still hid the sun, but it was full daylight. They ran the water into the last row, just above the fence at the edge of the meadow. Father and son stood together, watching it flow and soak in. Señor Romero looked at the light in the sky over the mountains. He knew from that what time it was, but to make sure he also looked at his watch.

"Almost six," he said. "I am going to close the gate, so that John Wilkinson will get his water on time. As soon as this reaches the end of the row, come on up to the house and have breakfast." He looked at his son, then he said, "Don't worry about taking the cow and calf to the pasture. You're tired; I'll attend to that." He put his hand on José's shoulder. "I'm proud of you. You've worked like a man."

Señor Romero put his hoe over his shoulder and walked off. The boy watched him go. Papa's tired, too, he thought. The water reached the end of the row and soaked it well, then it stopped flowing. His father had closed the gate.

He put his hoe over his shoulder as his father had done and started towards the house. Cuco, who had been asleep under a juniper bush by the fence, got up to follow him. Then José stopped a minute to look around, tired as he was. The sun was coming up over the mountains.

padre sí qué dependía de él, de qué se hiciera el trabajo de un hombre. De tiempo a tiempo se paraba a descansar, entonces se ponía a mirar, mudando la tierra, viendo que cada lomita de maíz consiguiera su porción.

Los montes todavía escondían el sol, pero ya estaba todo claro de un nuevo día. Dirigieron el agua a la última era, poco arriba de la cerca a la orilla de la vega. El padre y el hijo se pararon juntos allí, viendo qué el agua fluía y se adentraba bien. El Sr. Romero miró la luz en el cielo arriba de los montes. El sabía que hora era entonces, pero para estar bien cierto, miró su reloj.

--Ya mero son las seis,-- dijó él. --Voy a cerrar la puerta para qué Juan Wilkinson consiga su porción del agua a su propio tiempo. Al tanto que llegue al fin de esta era, vente a la casa y comerás tu desayuno.-- Mirando a su hijo, le dijó entonces: --No te apenes de llevar la vaca y el becerro al pasto. Estás cansado; yo atenderé a ellos.-- Puso su mano en el hombro de José: --Me da mucho orgullo contigo. Has trabajado como un hombre.--

El Sr. Romero se puso el cavador en su propio hombro y caminó adelante. El muchacho lo veía irse. Papá también está muy cansado, pensaba él. El agua llegó al fin de la era y se adentro bien allí y entonces se acabó el agua. Su papa había cerrado la puerta del agua.

El se puso el cavador en sus hombros como lo había hecho antes su padre y comenzó a caminar hacia su casa. Cuco quien había estado durmiendo abajo de un pino de enebro cerca del cerco, se levantó y lo siguió. Entonces José paró un minuto a mirar alrededor, no obstante lo cansado qué se sentía. El sol estaba subiendo sobre las montañas.

La luz del sol hacía como piezas de oro en la tierra relumbrante y mojada. El pensaba qué el maíz empezaba a verse mejor ya. Se acordó de una canción que había aprendido de los indios:

> Yo camino entre
> Las grandes matas de maíz.
> Yo le hablo a mi maíz,
> El maíz me da sus manos.

El pensaba que eso era la verdad. Siguió caminando el

Its light made gold places on the shiny, wet earth. He thought that the corn looked better already. He remembered a song the Indians had taught him:

> I walk among
> The great corn plants.
> I speak to my corn,
> It holds out its hands to me.

He thought that that was true. He went up the road between the

camino entre las milpas de maíz y la huerta. Las hojas de los árboles se veían mejores ya, y la alfalfa estaba tierna y brillante y verde otra vez. Él miraba a todas las plantas mientras que caminaba adelante. El pensaba qué ellas sí le daban las gracias por el trabajo de la noche. Puso su cavador en la dispensa-de-hierros y entró a su casa.

Su madre tenía comida en la estufa, pero él estaba tan cansado qué no podía a comer. Se fue a su carto de dormir y se sentó en la orilla de la cama, quitándose sus botas. Va a hacer un buen año, pensaba él; habrá agua

cornfield and the orchard. The leaves on the trees looked better, and the alfalfa was soft and bright and green again. He looked at all the plants as he walked along. He thought that they were thanking him for his night's work. He put his hoe in the shed and went into the house.

His mother had food on the stove, but he was too tired to eat. He went into the bedroom and sat on the edge of his bed, pulling off his boots. It is going to be a good year, he thought; there will be water all

todo el verano, y habrán buenas cosechas. Se cayó cansadísimo en su cama y se durmió.

summer, there will be fine crops. He rolled over on the bed and went to sleep.

BIBLIOGRAPHY

BOOKS:

Adams, Eleanor B. and Chavez, Fray Angelico, eds. and trans. *The Missions of New Mexico, 1776. Albuquerque: 1956.*

Carter, George F. *Plant Geography and Culture History in the American Southwest.* New York: 1944.

Don Juan de Oñate, Colonizer of New Mexico, 1595-1608. Coronado Cuarto Centennial, Vols. V, VI. Albuquerque: 1953.

El Rancho de las Golondrinas. Publication of the Old Cienega Village Living Museum for Visitors and Teachers: 1975.

Foster, George M. *Culture and Conquest, America's Spanish Heritage.* Chicago: 1965.

Gregg, Josiah. *Commerce of the Prairies.* Revised edition edited by Max Moorhead. Norman, Oklahoma: 1954.

Hammond, George P. and Rey, Agapito, eds. and trans. *The Rediscovery of New Mexico, 1580-1594.* Vol. 3. Albuquerque: 1966.

The Historic Santa Fe Foundation. *Old Santa Fe Today.* Rev. ed., Santa Fe: 1978. *See: Acequia Madre,* background.

Kessell, John. *The Missions of New Mexico Since 1776.* Albuquerque: 1978.

Lovato, Phil A. *Las Acequias del Norte.* Spanish and English. Taos: 1970.

Michener, James. *Iberia. See:* Valencia's Tribunal de las Aguas.

Peñuelas, Marcelino C. *Lo Español en el Suroeste de los Estados Unidos.* Madrid: 1964.

Recopilación de Leyes de los Reynos de las Indias. 4 Vols, Madrid: 1681. *See:* Lib. IV, Tit. XVII, leyes 5-14.

Watt, W. Montgomery. *A History of Islamic Spain.* Garden City, NY: 1867.

MAGAZINES

NEW MEXICO MAGAZINE, March 1979 focused entirely on acequia articles. Especially to be noted are:

Griffith, T., and Robertson, L. "The Flow of Mountain Water." *Re:* the mountain water systems of the Mora Valley.
Romero, Orlando. "Las Acequias."

JOURNAL ARTICLES:

Bourke, John G. "Notes on the Language and Folk Usage of the Rio Grande Valley." *Journal of American Folklore,* Vol. 9, 1896.
Dozier, Edward P. "The Pueblos of the Southwestern United States." *Journal of the Royal Archaeological Institute,* Vol. 90, 1960.
Greenleaf, Richard E. "Land and Water, 1700-1821." *New Mexico Historical Review,* Vol. 47, No. 2, April 1972.
Hutchins, Well A. "The Community Acequia: its Origins and Development." *Southwestern Historical Quarterly,* Vol. 31, 1927-1928.
"Rules of a Community Ditch System (ca. 1845)." *New Mexico Historical Review,* Vol. 34, 1959.
Simmons, Marc, editor and trans. "An Alcalde's Proclamation, A Rare New Mexico Document." *El Palacio: Journal of the Museum of New Mexico,* Vol. 73, 1968.
Simmons, Marc, trans. "Antonio Barreiro's 1833 Proclamation of Santa Fe City Government." *El Palacio: Journal of the Museum of New Mexico,* Vol. 76, 1970.
Simmons, Marc. "Spanish Irrigation in New Mexico." *New Mexico Historical Review,* Vol. 47, No. 2, April 1972.
Warren, Nancy Hunter. "The Irrigation Ditch: A Photographic Essay." *El Palacio: Journal of the Museum of New Mexico.*